Finanza islamica

principi e questioni contemporanee

Hussein Elasrag

La finanza islamica è l'unico esempio di un sistema finanziario direttamente basato sui precetti etici di una grande religione, fornendo non solo linee guida per gli investimenti ma anche una serie di prodotti di investimento e finanziamento unici. La finanza islamica si basa sulla Shari'a , la legge islamica che fornisce linee guida per molteplici aspetti della vita musulmana. L'industria finanziaria islamica sta svolgendo un ruolo fondamentale nell'economia globale in generale. Questo libro si propone di delineare alcune potenziali aree da considerare per tutti i settori della finanza islamica. Inoltre, il libro discute lo sviluppo della finanza islamica; Esplora le sfide del finanziamento delle piccole e medie imprese, della corporate governance e della responsabilità sociale delle imprese nella finanza islamica. Il libro discute anche dell'uso esistente di blockchain nella finanza islamica.

INDICE

introduzione

La finanza islamica è l'unico esempio di un sistema finanziario basato direttamente sui precetti etici di una delle principali religioni, fornendo non solo linee guida per gli investimenti, ma anche una serie di prodotti di investimento e finanziamento unici. La finanza islamica si basa sulla Shari'ah , la legge islamica che fornisce linee guida per molteplici aspetti della vita musulmana, tra cui religione, politica, economia, banche, affari e aspetti del sistema legale. Ciò che il finanziamento conforme alla Shari'ah cerca di fare è modellare pratiche finanziarie e relativi strumenti giuridici conformi alla legge islamica. I principali principi finanziari della Shari'ah includono il divieto di interessi, il divieto di incertezza, l'adesione alla condivisione del rischio e della partecipazione agli utili, la promozione di investimenti etici che migliorano la società e non violano pratiche vietate nel Corano e beni materiali- supporto.

La finanza islamica e la sua economia digitale offrono opportunità a musulmani e non musulmani poiché entrambe le popolazioni ora cercano una soluzione convergente ai loro problemi urgenti: ricostruire la fiducia e la fiducia in un sistema finanziario che li aveva persi. Alcuni tecnologi immaginano questo mondo senza intermediari, mentre altri vogliono solo un modo più rapido ed efficiente di effettuare transazioni. In ogni caso, la sfida viene dalla responsabilità e dall'incorporamento di quel senso di responsabilità all'interno dei nuovi sistemi che si stanno costruendo, basati sulla condivisione di rischi e profitti che ancorano la natura delle nostre economie, inclusa l'economia della condivisione di beni sottoutilizzati.

La moderna finanza islamica è emersa a metà degli anni '70 con la fondazione delle prime grandi banche islamiche. Lo sviluppo è avvenuto inizialmente attraverso la commercializzazione di un'offerta in costante espansione di strumenti finanziari conformi alla Sharia. Questo modello orientato all'offerta ha contribuito a una crescita relativamente lenta fino alla metà degli anni '90. Da allora la domanda ha guidato sempre di più lo sviluppo degli strumenti di finanza islamica.

Nel 1990 è stata creata l'Organizzazione per la contabilità e la revisione contabile delle istituzioni finanziarie islamiche (AAOIFI) per stabilire gli standard di contabilità e revisione contabile del settore. Gli anni '90 hanno visto una diversificazione delle potenziali strade per il sistema bancario islamico. La crescente consapevolezza e la domanda di prodotti islamici, insieme alle politiche governative di sostegno e alla crescente sofisticazione delle istituzioni finanziarie, hanno insieme aumentato il tasso di crescita.

Gli anni 2000 sono stati il decennio più importante nel settore bancario islamico globale. Ciò era dovuto all'emergere di sukuk e di altre attività strutturate della finanza islamica insieme alla proliferazione dei mercati dei capitali in via di sviluppo. Negli ultimi anni l'islamic banking ha innovato strumenti di finanza islamica sempre più sofisticati, capaci di maggiore flessibilità e di maggiore agilità nella gestione della liquidità.

Il denaro, secondo gli insegnamenti islamici, è una misura di valore, non una merce. Il debito è una relazione in cui il rischio e la responsabilità sono condivisi da tutte le parti di un contratto. Il denaro deve essere utilizzato concretamente per creare valore reale per i partecipanti alla transazione. Deve essere utilizzato per creare, e non essere una merce in sé e per sé. È per questo che è vietata la percezione dell'accaparramento del capitale, e il conseguimento di un rendimento passivo del capitale calibrato al trascorrere del tempo, cioè degli interessi. In breve, i soldi non devono essere fatti con i soldi.

La creazione di moderne istituzioni finanziarie islamiche è iniziata tre decenni fa. Attualmente, ci sono almeno 70 paesi che hanno una qualche forma di servizi finanziari islamici; quasi tutte le principali banche multinazionali offrono questi servizi. I principi finanziari alla base della finanza islamica sono rimasti storicamente invariati dal loro sviluppo oltre 1.400 anni fa. I prodotti finanziari devono essere certificati come conformi alla Sharia da un esperto di diritto islamico. La certificazione richiede che la transazione aderisca a una serie di principi chiave che includono:

- Garanzia di un bene materiale, usufrutto o servizi, in modo da evitare la 'speculazione' (gharar). Divieto di pagamento di interessi (riba).
- Rischio da condividere tra i partecipanti.
- Limitazioni alla vendita di attività finanziarie e al loro utilizzo come garanzia.
- Divieto di finanziare attività ritenute incompatibili con la legge della sharia (haram), come alcol, servizi finanziari convenzionali, gioco d'azzardo e tabacco.

La moderna finanza islamica è emersa a metà degli anni '70 con la fondazione delle prime grandi banche islamiche. Lo sviluppo è avvenuto inizialmente attraverso la commercializzazione di un'offerta in costante espansione di strumenti finanziari conformi alla Sharia.

Questo modello orientato all'offerta ha contribuito a una crescita relativamente lenta fino alla metà degli anni '90, quando la domanda ha guidato sempre più lo sviluppo degli strumenti finanziari islamici. La crescente consapevolezza e la domanda di prodotti islamici, insieme alle politiche governative di sostegno e alla crescente sofisticazione delle istituzioni finanziarie, hanno insieme aumentato il tasso di crescita.

Due sviluppi sono stati fondamentali per l'espansione dei mercati finanziari islamici. Nel 1998, la cosiddetta "fatwa degli indici islamici Dow Jones" ha svolto un ruolo trasformativo perché ha aperto la porta a un grado limitato di "impurità ammissibile" nelle transazioni finanziarie e ha istituzionalizzato una nozione di pulizia e purificazione per cui piccole quantità di reddito da interessi non ammissibili potrebbe essere purificato o purificato mediante donazione in beneficenza. A sua volta, ciò ha portato a una serie di test sugli investimenti azionari che potrebbero essere utilizzati per valutare potenziali investimenti per la conformità alla Shari'ah . Una seconda innovazione fondamentale è stata l'introduzione del sukuk, un sostituto conforme alla Shari'ah delle obbligazioni, in cui la protezione del capitale non è ottenuta come prestito ma come accordo vincolante da parte dell'emittente di riacquistare determinati beni per un periodo di tempo.

Sukuk è ora diventato una delle colonne portanti dei mercati dei capitali islamici e ha consentito la rapida crescita delle transazioni finanziarie islamiche.

Le molteplici ragioni della crescita del settore finanziario islamico negli ultimi anni:

(1) Il flusso di fondi verso gli stati musulmani produttori di petrolio;

(2) Crescente desiderio politico e sociale nel mondo musulmano di alternative finanziarie alle istituzioni bancarie e di investimento che sono state storicamente dominate dall'Occidente;

(3) La diffusione della crisi del credito nei mercati finanziari globali e la necessità di accedere a nuove fonti di capitale di investimento;

(4) La crescita dei fondi sovrani e il desiderio di disporre di strumenti conformi alla Shari'ah attraverso i quali investirli; e,

(5) Il numero in rapida accelerazione di transazioni finanziarie multigiurisdizionali transfrontaliere che sono possibili e richieste in un'economia mondiale globalizzata. Le attività detenute da investitori musulmani

in tutto il mondo superano ora i 2,6 trilioni di dollari e tale importo dovrebbe crescere fino a 3,7 trilioni di dollari entro il 2020.

Shari'ah è diventata un elemento accettato e vibrante nelle transazioni finanziarie internazionali. Offre una nuova opportunità per enfatizzare gli aspetti morali ed etici degli affari e della finanza che vanno oltre il mondo arabo e islamico per sollecitare un riesame dei valori fondamentali alla base di tutte le transazioni finanziarie globali - mettendo a disposizione le risorse finanziarie necessarie per sviluppare il capitale umano che sosterrà il progresso economico e sociale.

I principi finanziari alla base della finanza islamica sono rimasti storicamente invariati dal loro sviluppo oltre 1.400 anni fa. I prodotti finanziari devono essere certificati come conformi alla Sharia da un esperto di diritto islamico. La certificazione richiede che la transazione aderisca a una serie di principi chiave che includono:

• Garanzia di un bene materiale, usufrutto o servizi.

• Deve evitare la 'speculazione' (gharar).

• Divieto di pagamento di interessi (riba).

• Rischio e rendimento da condividere tra i partecipanti.

• Divieto di finanziare attività ritenute incompatibili (haram), come la vendita di alcolici, i servizi finanziari convenzionali, il gioco d'azzardo e il tabacco.

A causa della restrizione sugli investimenti fruttiferi, le banche islamiche devono ottenere i loro guadagni attraverso investimenti di partecipazione agli utili o rendimenti basati su commissioni. Quando i prestiti vengono concessi per scopi commerciali, il prestatore, se vuole ottenere un guadagno legittimo ai sensi della Shari'ah , dovrebbe prendere parte al rischio. Se un prestatore non prende parte al rischio, la sua eventuale plusvalenza rispetto all'importo prestato è classificata come interesse. Le istituzioni finanziarie islamiche hanno anche la flessibilità di impegnarsi in operazioni di leasing, comprese le operazioni di leasing con opzioni di acquisto.

Ci si può chiedere perché i non musulmani accetterebbero di utilizzare le strutture della finanza islamica. La risposta principale è che la finanza islamica offre l'opportunità di attingere ai fondi significativi degli investitori islamici che cercano investimenti conformi alla Shari'ah . Inoltre, la finanza islamica può essere combinata con fonti di finanziamento convenzionali e con il supporto dell'agenzia di credito all'esportazione (ECA).

Man mano che l'industria della finanza islamica si sviluppa ulteriormente, c'è un crescente bisogno di standardizzazione e professionalità in tutto il settore. A ciò si aggiunge l'importanza di adottare solidi sistemi di governo societario di standard riconosciuti a livello internazionale che incorporino pratiche di lavoro trasparenti, eque ed etiche. Le istituzioni finanziarie islamiche sono ben posizionate in questo contesto, poiché al centro della legge islamica c'è una visione dello sviluppo sociale che richiede a tutti gli individui e le imprese di comportarsi in modo etico e socialmente responsabile.

Un concetto di governo societario dal punto di vista islamico non differisce molto dalla definizione convenzionale in quanto si riferisce a un sistema mediante il quale le società sono dirette e controllate con lo scopo di raggiungere l'obiettivo della società proteggendo tutti gli interessi e i diritti delle parti interessate. Unicamente, nel contesto della corporate governance all'interno del paradigma islamico, presenta caratteristiche e caratteristiche distinte rispetto al sistema convenzionale in quanto si riferisce come un caso speciale di una teoria decisionale più ampia che utilizza la premessa dell'epistemologia socio-scientifica islamica che è premessa sulla divina unicità di Dio . Una definizione del comitato finanziario sul governo societario in Malesia nella relazione sul governo societario affermava che:

Il governo societario è il processo e la struttura utilizzati per dirigere e gestire l'attività e gli affari della società verso il miglioramento della prosperità aziendale e della responsabilità aziendale con l'obiettivo finale di realizzare valore per gli azionisti a lungo termine, tenendo conto degli interessi di altre parti interessate.

Ciò indica che il governo societario non si applica solo agli azionisti ma anche agli altri stakeholder.

Il governo societario nella finanza islamica richiede che le istituzioni finanziarie islamiche rispettino una serie di regole chiamate legge islamica o Shari'ah . La Shari'ah governa le operazioni e le transazioni della banca in accordo con i principi islamici derivati dal Corano e dagli Hadith.

Le istituzioni finanziarie islamiche (IFI) sono come qualsiasi altra istituzione finanziaria convenzionale, che funge da intermediario tra i fornitori di fondi e gli utenti dei fondi, l'unica differenza è che le transazioni e i contratti di un IFI devono essere conformi alla legge islamica.

La crescente consapevolezza e la domanda di investimenti in conformità con i principi etici islamici su scala globale sono stati un catalizzatore per rendere il sistema bancario e finanziario islamico un'industria fiorente. Questo è anche un riflesso della crescente ricchezza e capacità degli investitori, sia musulmani che non musulmani, di cercare e investire in nuovi prodotti di investimento che soddisfino le loro esigenze. Le istituzioni finanziarie islamiche (IFI) guadagnano profitti mentre le altre imprese guadagnano profitti. Molte persone dicono che le IFI avrebbero dovuto coinvolgere attività di "beneficenza strategica". L'attività delle IFI, comprese le banche islamiche, si basa sui principi della Shari'ah che richiedono alle IFI di operare con l'impegno della responsabilità sociale.

Nell'ambito delle IFI, l'Association of Accounting and Auditing Organization for Islamic Financial Institutions (AAOIFI) ha emanato standard specifici sulla CSR noti come Governance Standards No. 7: Corporate Social Responsibility, Conduct and Disclosure for IFIs. Secondo l'(AAOIFI), la responsabilità sociale d'impresa (CSR) per le IFI si riferisce a tutte le attività svolte da un IFI (Le IFI si riferiscono a qualsiasi istituzione che svolga il ruolo di intermediario finanziario che si attiene rigorosamente alle disposizioni della Shari'a Questi includono, ma non sono limitati a banche islamiche e compagnie di assicurazione islamiche) per adempiere alle proprie responsabilità religiose, economiche, legali, etiche e discrezionali come intermediari finanziari per individui e istituzioni.La responsabilità religiosa si riferisce all'obbligo generale delle IFI di obbedire alle leggi dell'Islam in tutti i suoi rapporti e operazioni. La responsabilità economica si riferisce all'obbligo per le banche islamiche di essere finanziariamente sostenibili, redditizie ed efficienti. La responsabilità legale si riferisce all'obbligo delle IFI di rispettare e obbedire alle leggi e ai regolamenti del paese in cui operano. La responsabilità etica si riferisce all'obbligo delle IFI di rispettare la massa di norme sociali, religiose e consuetudinarie che non sono codificate nella legge. La responsabilità discrezionale si riferisce all'aspettativa delle parti interessate che le IFI svolgano un ruolo sociale nell'attuazione degli ideali islamici al di là delle responsabilità religiose, economiche, legali ed etiche.

Negli ultimi anni, con l'aumento del numero di musulmani benestanti, l'industria halal si è ulteriormente espansa nelle offerte di lifestyle, compresi i servizi di viaggio e ospitalità halal, nonché la moda. Questo sviluppo è stato innescato dal cambiamento nella mentalità dei consumatori musulmani e dalle tendenze dei consumatori etici in tutto il mondo.

Il mercato halal non è esclusivo per i musulmani e ha guadagnato una crescente accettazione tra i consumatori non musulmani che associano l'halal al consumismo etico. In quanto tali, i valori promossi dall'halal - responsabilità sociale, custodia della terra, giustizia economica e sociale, benessere degli animali e investimento etico - hanno raccolto interesse al di là della sua conformità religiosa. La popolarità e la domanda di prodotti certificati halal tra i consumatori non musulmani è in aumento poiché sempre più consumatori sono alla ricerca di prodotti di alta qualità, sicuri ed etici.

Per l'economia islamica, la tecnologia blockchain ha il potenziale per avere un impatto significativo. La blockchain nella finanza e nel settore bancario islamico aiuterà sicuramente le banche islamiche e gli istituti finanziari ad avere successo. Senza preoccuparsi degli interessi e di altre questioni simili, il sistema bancario islamico sarà in grado di lavorare in modo più produttivo.

Le istituzioni finanziarie islamiche utilizzano sempre più la tecnologia blockchain per condizioni di finanziamento complesse, transazioni conformi alla Shariah e alternative islamiche e conformi alla Sharia alle assicurazioni convenzionali. automazione del back office e sottoscrizione di microassicurazioni. Islamic Finance può utilizzare le criptovalute per il finanziamento delle PMI, sostenute dalla tecnologia blockchain, per strutturare i pagamenti in modo efficiente ed economico.

La blockchain nella finanza e nel settore bancario islamico aiuterà sicuramente le banche islamiche e gli istituti finanziari ad avere successo. Senza preoccuparsi degli interessi e di altre questioni simili, il sistema bancario islamico sarà in grado di lavorare in modo più produttivo. La gestione dei prestiti e di altri servizi correlati diventerà facile. oltre a ridurre frodi e rischi, può abbattere gli alti costi associati alla finanza islamica. Il costo dell'elaborazione dei prodotti finanziari islamici è superiore ai normali prodotti di servizi finanziari, quindi la blockchain è uno strumento molto efficace per ridurre i costi nei sistemi di elaborazione back-end delle società di finanza islamica La vera sfida, in futuro, sarà la legalità di contratti intelligenti e il quadro normativo globale necessario per stabilire un vero prestito peer-to-peer oltre i confini; solo perché è legale in un paese, non lo rende tale anche in un altro.

La finanza islamica è un ottimo esempio dei modi in cui la finanza soddisfa le esigenze di individui, imprese e governi. Facilitando fattori diversi come l'inclusione finanziaria, lo sviluppo delle infrastrutture e il finanziamento del governo, la finanza islamica serve la società in generale. Il mercato globale della finanza islamica sta crescendo moderatamente, a causa dei forti investimenti nei settori Halal, nelle infrastrutture e nelle obbligazioni Sukuk, soprattutto attraverso modalità elettroniche in tutti i prodotti e servizi. I fattori che guidano la crescita del mercato stanno indirizzando gli investimenti verso le enormi opportunità di crescita nei promettenti settori islamici.

Questo libro si propone di delineare alcune potenziali aree di riflessione per tutti i settori della finanza islamica. Inoltre il libro discute lo sviluppo della finanza islamica; ed Esplorare e discutere l'utilizzo esistente di Blockchain da parte della finanza islamica.

Capitolo 1
Fondamenti di finanza islamica

Uno degli obiettivi più importanti dell'Islam è realizzare una maggiore giustizia nella società umana. Secondo il Corano tutti i messaggeri di Dio sono stati inviati per promuovere la giustizia e ogni società dove non c'è giustizia andrà alla fine verso il declino e la distruzione . Uno dei requisiti essenziali per assicurare la giustizia è un insieme di regole o valori morali, che ciascuno accetta e rispetta fedelmente. Il sistema finanziario può essere in grado di promuovere la giustizia se, oltre ad essere forte e stabile, soddisfa almeno due condizioni. Uno di questi è che il finanziere dovrebbe anche condividere il rischio in modo da non scaricare l'intero onere delle perdite sull'imprenditore o sul mutuatario, e l'altro è che una quota equa delle risorse finanziarie della società diventi disponibile anche per i poveri su condizioni convenienti in linea con la loro capacità di rimborso in modo da consentire loro di realizzare il loro sogno di possedere la propria casa, perseguire l'istruzione superiore e la formazione professionale e creare le proprie microimprese.

Per soddisfare la prima condizione di giustizia, l'Islam richiede che sia il finanziere che l'imprenditore condividano equamente sia il profitto che la perdita. A tal fine, uno dei principi fondamentali della finanza islamica è: "Nessun rischio, nessun guadagno". Ciò dovrebbe contribuire a introdurre una maggiore disciplina nel sistema finanziario, motivando gli istituti finanziari a valutare i rischi con maggiore attenzione ea monitorare efficacemente l'utilizzo dei fondi da parte dei mutuatari. La doppia valutazione dei rischi da parte sia del finanziere che dell'imprenditore dovrebbe contribuire a infondere maggiore disciplina nel sistema e contribuire non solo ad aumentare l'efficienza nell'uso delle risorse, ma anche a ridurre l'eccessivo credito.

La finanza islamica si basa sulla Shari'ah , termine arabo spesso tradotto in "legge islamica". La Shari'ah fornisce linee guida per aspetti della vita musulmana, tra cui religione, politica, economia, banche, affari e diritto. Il finanziamento conforme alla Shari'ah (SCF) costituisce una pratica finanziaria conforme alla legge islamica.

La finanza islamica è stata praticata prevalentemente nel mondo musulmano per tutto il Medioevo, favorendo il commercio e le attività commerciali con lo sviluppo del credito. In Spagna e negli Stati mediterranei e baltici, i mercanti islamici divennero intermediari indispensabili per le attività commerciali. Infatti, molti concetti, tecniche e strumenti della finanza islamica sono stati successivamente adottati da finanzieri e uomini d'affari europei.

Al contrario, il termine "sistema finanziario islamico" è relativamente nuovo, comparendo solo a metà degli anni '80. In effetti, tutti i precedenti riferimenti ad attività commerciali o mercantili conformi ai principi islamici sono stati fatti sotto l'ombrello di banche "senza interessi" o "islamiche". Tuttavia, descrivere il sistema finanziario islamico semplicemente come "senza interessi" non fornisce un quadro fedele del sistema nel suo complesso. Indubbiamente, il divieto di riscuotere e pagare interessi è il nucleo del sistema, ma è supportato da altri principi della dottrina islamica che sostengono la condivisione del rischio, i diritti ei doveri degli individui, i diritti di proprietà e la santità dei contratti.

Allo stesso modo, il sistema finanziario islamico non si limita al settore bancario, ma copre la formazione del capitale, i mercati dei capitali e tutti i tipi di intermediazione finanziaria. Interpretare il sistema come "senza interessi" tende a creare confusione. Il fondamento filosofico di un sistema finanziario islamico va oltre l'interazione dei fattori di produzione e del comportamento economico. Mentre il sistema finanziario convenzionale si concentra principalmente sugli aspetti economici e finanziari delle transazioni, il sistema islamico pone uguale enfasi sulle dimensioni etiche, morali, sociali e religiose, per migliorare l'uguaglianza e l'equità per il bene della società nel suo complesso. Il sistema può essere pienamente apprezzato solo nel contesto degli insegnamenti dell'Islam sull'etica del lavoro, la distribuzione della ricchezza, la giustizia sociale ed economica e il ruolo dello stato.

Il sistema finanziario islamico si fonda sull'assoluto divieto di pagamento o riscossione di qualsiasi tasso di rendimento predeterminato e garantito. Ciò chiude la porta al concetto di interesse e preclude l'uso di strumenti basati sul debito. Il sistema incoraggia la condivisione del rischio, promuove l'imprenditorialità, scoraggia i comportamenti speculativi e sottolinea la santità dei contratti. La moderna finanza islamica esiste a livello internazionale dagli anni '70. Attualmente, la finanza islamica rappresenta un segmento piccolo ma in crescita del settore finanziario globale.

Negli ultimi anni, SCF si è espansa in altre parti del mondo. La finanza islamica è in crescita in Europa e Nord America, aree in cui i musulmani sono in minoranza. Nell'agosto 2004, la Financial Services Authority (FSA) del Regno Unito ha approvato una licenza bancaria per la Banca islamica della Gran Bretagna (IBB), la prima banca islamica del paese. L'IBB servirà il mercato dei consumatori con prodotti conformi alla Shari'ah . Nel marzo 2006, la FSA ha autorizzato la Banca europea per gli investimenti islamici come prima banca indipendente del Regno Unito per investimenti conformi alla Shari'ah . Nel 1999, il Dow Jones ha presentato il suo primo indice del mercato islamico, che segue le azioni conformi alla Shari'ah a livello internazionale. Il Dow Jones mantiene più di 70 indici nella sua serie islamica ed è assistito da un consulente indipendente del Shari'ah Supervisory Board.

1. legge della Shari'ah

La legge della Shari'ah (o islamica) ha lo scopo di regolare tutti gli aspetti dello stile di vita di un musulmano. È sostanzialmente diviso in due serie di regole: una si riferisce al culto obbligatorio di Dio (ibadah) e l'altra si riferisce alla vita quotidiana al di fuori del contesto del culto obbligatorio (muamalat), compresi i rapporti commerciali e finanziari . La Shari'ah non è un corpo di leggi codificato. Consiste in regole e principi generali derivati dal Corano (il libro sacro musulmano), dalle pratiche (sunnah) e dai detti (hadith) del profeta Maometto (come discusso più dettagliatamente di seguito). Questi principi generali possono essere interpretati e sviluppati per affrontare nuovi problemi o circostanze che si presentano di volta in volta. In effetti, la Shari'ah è stata integrata da un'ampia giurisprudenza islamica (fiqh) sviluppata nel corso dei secoli da diverse scuole di pensiero (i madhaa'hib). Il punto chiave da notare è che, sebbene tutte le scuole di pensiero siano d'accordo sui principi fondamentali della Shari'ah custoditi nel Corano, nella Sunnah e negli hadith, a volte hanno opinioni divergenti sulla loro interpretazione e applicazione.

2. Fonti della legge della Shari'ah

Shari'ahl aw deriva da una serie di fonti primarie e secondarie.

- Corano

Il Corano è una fonte primaria di diritto e si ritiene che i musulmani contengano la parola di Dio rivelata al profeta Maometto. Le prove trovate in altre fonti della legge della Shari'ah sono soggette al Corano.

- Sunnah

Sunnah significa letteralmente "sentiero ben noto". La Sunnah è una fonte primaria di diritto e comprende resoconti tradizionali di ciò che il profeta Maometto disse o fece durante la sua vita

Che hanno contenuto legale. La Sunnah comprende anche i detti di altri tacitamente approvati dal silenzio del Profeta.

- Hadith

Un'ulteriore fonte primaria di diritto è la registrazione narrativa di detti e azioni del profeta Maometto noto come hadith (plurale ahadith). La misura in cui la sunnah è derivata o differenziata da ahadith dipende dal contesto e dalla scuola di pensiero considerata.

- Qiyas

Qiyas rappresenta il processo di ragionamento mediante il quale i principi trovati nel Corano e nella Sunnah vengono estesi a nuovi casi per analogia.

- Imma

Ijma rappresenta il consenso della comunità islamica (a livello accademico locale o globale) su una particolare questione.

- Ijtihad

Ijtihad è l'interpretazione e l'opinione dei giuristi islamici su una particolare questione. Qiyas, ijma e ijtihad sono tutte fonti secondarie della legge della Shari'ah .

3. Questioni relative all'interpretazione e all'applicazione della legge della Shari'ah

Poiché la legge della Shari'ah non è un unico corpo di leggi codificato ed è aperta all'interpretazione, le opinioni degli studiosi della Shari'ah possono differire sulla stessa questione della legge della Shari'ah a seconda della scuola di pensiero a cui appartengono particolari studiosi. Inoltre, le opinioni degli studiosi su questioni relative alla legge della Shari'ah possono cambiare nel tempo. Ciò può portare a incertezza e incoerenza nell'interpretazione e nell'applicazione della legge della Shari'ah in tutto il mondo islamico.

A. chiave della Shari'ah e divieti rilevanti per la finanza

Esistono numerosi principi e divieti chiave della Shari'ah relativi alla finanza e alle transazioni commerciali che distinguono la finanza islamica dalle forme convenzionali. Per completezza, va detto che ci sono due rami principali all'interno dell'Islam: il sunnismo e lo sciismo . La maggioranza dei musulmani è sunnita e quanto segue si limita alla discussione dei principi generali della Shari'ah relativi alla finanza islamica all'interno della giurisprudenza sunnita . I principi chiave della Shari'ah che sono alla base della finanza islamica e che hanno portato alla creazione di un settore finanziario separato sono i seguenti:

- Divieto di usura e interessi (riba)

Divieto di interesse. Il divieto della riba , termine che letteralmente significa "un eccesso" e interpretato come "qualsiasi aumento ingiustificato di capitale sia in prestiti che in vendite" è il principio centrale del sistema. Più precisamente, qualsiasi tasso positivo, fisso, predeterminato legato alla scadenza e all'importo del capitale (cioè garantito indipendentemente dalla performance dell'investimento) è considerato riba ed è vietato. Il consenso generale tra gli studiosi islamici è che la riba copra non solo l'usura ma anche l'addebito di "interessi" ampiamente praticato. Questo divieto si basa su argomenti di giustizia sociale, uguaglianza e diritti di proprietà. L'Islam incoraggia la realizzazione di profitti ma vieta l'addebito di interessi perché i profitti, determinati ex post, simboleggiano l'imprenditorialità di successo e la creazione di ricchezza aggiuntiva mentre l'interesse, determinato ex ante, è un costo che viene maturato indipendentemente dall'esito delle operazioni commerciali e potrebbe non creare ricchezza se ci sono perdite di affari. La giustizia sociale esige che mutuatari e creditori condividano i premi così come le perdite in modo equo e che il processo di accumulazione e distribuzione della ricchezza nell'economia sia equo e rappresentativo della vera produttività.

Ai sensi della Shari'ah , non è consentito addebitare, pagare o ricevere interessi. La Shari'ah non riconosce il valore temporale del denaro e quindi non è lecito fare soldi prestandolo. Il denaro deve essere utilizzato per creare valore economico reale ed è consentito ottenere un ritorno solo dall'investimento di denaro in attività commerciali consentite che comportano l'assunzione di un rischio commerciale da parte del finanziatore o dell'investitore. Questo divieto è la principale forza trainante dietro lo sviluppo della moderna industria della finanza islamica. Riba può assumere una delle due forme: riba al-naseeyah e riba al - fadl .

1- Riba al-naseeyah è l'importo in eccesso ricevuto da un prestatore in aggiunta all'importo del capitale prestato. Questo tipo di riba è paragonabile al concetto tradizionale di interesse nelle attività di prestito convenzionali.

2- Il secondo tipo, riba al-fadl , è una sovracompensazione senza alcuna forma di corrispettivo in cambio.

Nella finanza moderna, la riba alfadl potrebbe essere applicata a diversi contratti di scambio di merci.

L'idea è che quando il compenso viene corrisposto, dovrebbe essere giustificato o essere imputato a un'attività specifica e anche il rendimento dovrebbe essere associato a un rischio specifico. Pertanto , quando le parti si scambiano merci di valore simile e una parte paga un compenso eccessivo all'altra parte, questo è considerato riba .

- Divieto di realizzare un guadagno dalla speculazione (mayseer)

Non è lecito trarre profitto dalla speculazione. Il gioco d'azzardo non è quindi consentito dalla Shari'ah . Non sono inoltre consentiti contratti o accordi che implichino speculazioni. Ciò detto, è accettato dalla Shari'ah che vi sia un elemento di speculazione nella maggior parte degli accordi commerciali e, a differenza del divieto assoluto di interesse, è una questione del grado di speculazione coinvolto e se l'intenzione alla base della transazione sia quella di realizzare un guadagno da qualche sforzo produttivo o puramente speculativo.

La distinzione tra speculazione vietata e speculazione commerciale legittima non è sempre chiara nella pratica e vi sono esempi in cui può essere difficile distinguere tra le due. Ad esempio, è generalmente accettato che sia consentito effettuare un investimento azionario in una società Svolgere un'attività commerciale consentita dalla Shari'ah al fine di realizzare futuri dividendi e plusvalenze sull'investimento. C'è ovviamente un certo grado di speculazione commerciale sulle prospettive future della società quando un investitore effettua un investimento azionario, ma se tale speculazione sia ammissibile o meno dipenderà dall'intenzione dell'investitore, vale a dire se l'intenzione era di fare una rapida trarre profitto speculando sul probabile movimento del prezzo delle azioni in un periodo di tempo molto breve (come è probabilmente il caso del day trading), o la decisione è stata presa sulla base di un'attenta valutazione dei risultati passati della società e delle prospettive future? all'altro estremo dello spettro, i derivati azionari come i derivati indicizzati sono generalmente considerati inaccettabili ai sensi della Shari'ah perché comportano speculazioni sul movimento di un indice azionario.

- Nessuna incertezza (gharar) nelle transazioni commerciali

La certezza dei termini in ogni transazione è un requisito fondamentale della Shari'ah . Anche in questo caso, come per la speculazione, è accettabile un certo grado di incertezza commerciale, ma non deve esserci alcuna incertezza sui termini chiave della transazione. Ad esempio, in una transazione per la vendita di beni, il contratto di vendita dovrebbe stabilire una chiara descrizione dei beni oggetto di vendita, il prezzo di vendita e il tempo per la consegna dei beni all'acquirente. Analogamente, un contratto di leasing deve indicare chiaramente i beni che vengono locati, la durata del leasing e il canone da pagare in base al leasing. Uno dei motivi per cui i contratti assicurativi convenzionali non sono considerati ammissibili ai sensi della Shari'ah è che non c'è certezza su quando verrà pagato un sinistro, dato che non c'è modo di sapere se e quando si verificherà l'evento assicurato. Nel contesto della moderna finanza islamica, esempi chiave di gharar sono:

1- Consigliare a un cliente di acquistare azioni di una determinata società oggetto di un'offerta pubblica di acquisto, sulla base del prevedibile aumento del prezzo delle sue azioni;

2 - Acquisto di una casa, il cui prezzo deve essere specificato in futuro;

3 - Quando l'oggetto o le specifiche di un contratto sono sconosciuti; e

4 - Pagamento differito nell'ambito di un contratto in cui il differimento è per un periodo imprecisato.

- Tutte le attività devono essere per scopi consentiti (halal)

I musulmani non devono impegnarsi in (o trarre alcun beneficio da) attività proibite dalla Shari'ah . Pertanto, non è consentito ai musulmani investire in imprese che svolgono attività vietate come casinò, birrifici o fabbriche che producono prodotti a base di carne di maiale. Inoltre, non è consentito alle banche islamiche fornire alcun finanziamento a tali imprese. Tuttavia, un'interpretazione molto rigorosa di queste regole significherebbe che i musulmani sarebbero in grado di investire solo in un numero molto limitato di imprese a livello internazionale. Ad esempio, non sarebbe consentito ai musulmani investire in un hotel che serve alcolici, un'azienda alimentare che produce anche prodotti a base di carne di maiale come parte della sua gamma di prodotti o qualsiasi attività commerciale che presta o prende in prestito denaro a interesse.

Alla luce delle considerazioni pratiche del commercio internazionale e al fine di consentire agli investitori musulmani di parteciparvi, un certo numero di eminenti studiosi della Shari'ah hanno avanzato l'opinione che sia lecito per i musulmani investire in imprese o società che non siano interamente Shari'ah 'ah conforme fintanto che sono soddisfatte determinate condizioni. Queste condizioni includono (tra le altre cose):

1- L'attività commerciale principale deve essere consentita dalla Shari'ah ;

2 - Qualsiasi reddito derivante da attività proibite dovrebbe costituire solo una piccola percentuale del reddito complessivo della società o dell'attività (questa percentuale varia dal 5 al 20 per cento. Del reddito complessivo a seconda della natura dell'attività proibita e della Shari'ah studiosi coinvolti);

3- L'importo complessivo del debito fruttifero contratto da una società o impresa non deve superare una determinata percentuale di

le sue attività o capitalizzazione di mercato (ci sono disaccordi tra gli studiosi della Shari'ah su quale percentuale sia accettabile e varia dal 25 al 35 per cento. delle attività totali o della capitalizzazione di mercato a seconda degli studiosi coinvolti); e

4 I crediti della società in attività non devono superare una certa percentuale del suo patrimonio o della sua capitalizzazione di mercato (normalmente fissata tra il 25 e il 33 per cento).

- Guadagnare denaro dal denaro non è consentito

Uno dei presupposti sbagliati su cui si basano tutte le teorie dell'interesse è che il denaro sia una merce. Si sostiene quindi che proprio come un commerciante può vendere la sua merce a un prezzo più alto del suo costo, può anche vendere il suo denaro a un prezzo più alto del suo valore nominale, o proprio come può affittare la sua proprietà e può addebitare un può anche prestare il suo denaro e può richiedere interessi. I principi islamici, tuttavia, non sottoscrivono questa presunzione. Denaro e merce hanno caratteristiche diverse e, pertanto, vengono trattati in modo diverso.

I punti fondamentali di differenza tra denaro e merce: -

1 - Il denaro non ha utilità intrinseca. Non può essere utilizzato per soddisfare direttamente i bisogni umani. Può essere utilizzato solo per l'acquisizione di alcuni beni o servizi. Una merce, d'altra parte, ha un'utilità intrinseca e può essere utilizzata direttamente senza scambiarla con qualche altra cosa.

2 - Le merci possono essere di qualità diverse mentre il denaro non ha qualità se non quella di essere una misura di valore o un mezzo di scambio. Pertanto, tutte le unità di moneta della stessa denominazione, sono al cento per cento uguali tra loro. Una banconota vecchia e sporca di SR.100 ha lo stesso valore di una banconota nuova di zecca di SR.100.

3 - Nelle merci, le transazioni di vendita e acquisto sono effettuate su una particolare merce identificata. Se A ha acquistato un'auto in particolare individuandola e il venditore ha acconsentito, merita di ricevere la stessa auto. Il venditore non può obbligarlo a prendere in consegna un'altra vettura, anche se dello stesso tipo o qualità. Il denaro, al contrario, non può essere individuato in una transazione di scambio. Se A ha acquistato una merce da B mostrandogli una particolare banconota da 100 SR. 100 può ancora pagargli un'altra banconota dello stesso taglio.

Sulla base di queste differenze fondamentali, la Shari'ah islamica ha trattato il denaro in modo diverso dalle merci, soprattutto su due punti: in primo luogo, il denaro (della stessa denominazione) non è considerato oggetto di scambio, come altre merci. Il suo utilizzo è stato ristretto al suo scopo fondamentale, vale a dire fungere da mezzo di scambio e misura di valore. In secondo luogo, se per motivi eccezionali il denaro deve essere scambiato con denaro o preso in prestito, il pagamento da entrambe le parti deve essere uguale, in modo che non venga utilizzato per lo scopo per il quale non è destinato, vale a dire il commercio di denaro stesso. In breve, il denaro viene trattato come capitale "potenziale". Diventa capitale effettivo solo quando si unisce ad altre risorse per intraprendere un'attività produttiva. L'Islam riconosce il valore temporale del denaro, ma solo quando agisce come capitale, non quando è capitale "potenziale".

B. Regolamento della finanza islamica

Gli istituti finanziari che cercano di offrire prodotti conformi alla Shari'ah hanno in genere un consiglio di sorveglianza della Shari'ah (o almeno un consulente della Shari'ah). Il consiglio della Shari'ah deve rivedere e approvare le pratiche e le attività finanziarie per il rispetto dei principi islamici. Tale esperienza aumenta l'attrattiva degli intermediari finanziari conformi alla Shari'ah per gli investitori che considerano il sistema bancario islamico. Sono state istituite istituzioni internazionali per promuovere la coerenza internazionale nella finanza islamica. L'Organizzazione per la contabilità e la revisione contabile delle istituzioni finanziarie islamiche (AAOIFI), fondata nel 1991 e con sede in Bahrain, emana standard internazionali in materia di contabilità, revisione contabile e governo societario. Ha 200 membri provenienti da 45 paesi; i suoi membri includono banche centrali, istituzioni finanziarie islamiche e altri organismi del settore bancario e finanziario islamico. Un altro organismo di regolamentazione è l'Islamic Financial Services Boards (IFSB), che ha iniziato ad operare nel 2003 e ha sede in Malesia. IFSB propone standard per la supervisione e la regolamentazione. Molti importanti centri finanziari islamici in tutto il mondo hanno adottato gli standard di regolamentazione SCF internazionali.US . i regolatori bancari federali hanno fornito alcune linee guida formali sui prodotti islamici. L'Office of the Comptroller of the Currency (OCC) ha emesso due direttive relative ai prodotti ipotecari conformi alla Shari'ah . Nel 1997, l'OCC ha emesso una guida su ijara ("locazione"), una struttura finanziaria in cui l'intermediario finanziario acquista e successivamente affitta un bene a un consumatore a pagamento. Nel 1999, l'OCC ha riconosciuto murabaha ("costo maggiorato"), in base al quale l'intermediario finanziario acquista un'attività per un cliente con la consapevolezza che il cliente riacquisterà l'attività a una commissione più elevata.

La standardizzazione delle normative sulla finanza islamica è stata di crescente interesse nel settore. La Shari'ah è aperta all'interpretazione e gli studiosi islamici non sono completamente d'accordo su ciò che costituisce SCF. Le leggi e le pratiche normative sulla finanza islamica variano da paese a paese. La mancanza di punti di vista concorrenti rende difficile standardizzare il finanziamento islamico.

Anche la standardizzazione può essere difficile perché la maturità dei mercati della finanza islamica varia da paese a paese, con alcuni mercati ben consolidati e altri più nascenti. Senza standardizzazione, alcuni funzionari del settore esprimono la preoccupazione che il rischio di rispetto della Shari'ah possa aumentare. La mancanza di standardizzazione nei mercati della finanza islamica aumenta l'incertezza giuridica che un contratto non sarà riconosciuto come valido ai sensi della legge islamica da tutti gli studiosi islamici. Questa incertezza è stata evidenziata da una recente controversia tra la Blom Bank del Libano e la società islamica del Kuwait Investment Dar sulla conformità o meno di un contratto tra le due entità ai principi islamici e se il pagamento dovesse essere effettuato. Molti osservatori ritengono che la standardizzazione dei regolamenti SCF sia importante per aumentare la commerciabilità e l'accettazione dei prodotti islamici. Nel corso degli anni, ci sono state numerose iniziative per migliorare le pratiche normative. Ad esempio, nel 2009, l'IFSB ha pubblicato principi guida su questioni quali la governance e i requisiti di adeguatezza patrimoniale per vari prodotti finanziari. L'AAOIFI è in procinto di sviluppare nuovi standard nella gestione del rischio e nella governance aziendale.

1. Strumenti finanziari islamici di base

I mercati islamici offrono diversi strumenti per soddisfare i fornitori e gli utenti di fondi in vari modi: vendite, finanziamenti commerciali e investimenti. Gli strumenti di base includono il finanziamento del costo maggiorato (murabaha), la partecipazione agli utili (mudaraba), il leasing (ijara), la partnership (musharaka) e la vendita a rione (bay ' salam), la vendita con pagamento differito (bay ' mu'ajjal) e I contratti di vendita con consegna differita (bay'salam), oltre alle vendite spot, vengono utilizzati per condurre vendite a credito. In una vendita con pagamento differito, la consegna del prodotto viene presa sul posto ma la consegna del pagamento è ritardata per un periodo concordato. Il pagamento può essere effettuato in un'unica soluzione oa rate, a condizione che non vi siano costi aggiuntivi per il ritardo. Una vendita con consegna differita è simile a un contratto a termine in cui la consegna del prodotto è in futuro in cambio di pagamento sul mercato spot.

Questi strumenti fungono da elementi costitutivi di base per lo sviluppo di un'ampia gamma di strumenti finanziari più complessi, suggerendo che esiste un grande potenziale per l'innovazione e l'espansione finanziaria nei mercati finanziari islamici.

Esistono diversi metodi di finanziamento islamico. Tuttavia, nel mondo del finanziamento commerciale e, più in particolare, del finanziamento di progetti, alcuni metodi sono più comuni di altri. Questi sono elencati di seguito.

A. Fai trading con markup o vendita cost-plus (murabaha). Uno degli strumenti più utilizzati per il finanziamento a breve termine si basa sulla nozione tradizionale di finanziamento dell'acquisto. L'investitore si impegna a fornire beni o materie prime specifici, incorporando un contratto concordato per la rivendita al cliente e un margine negoziato reciprocamente.

Circa il 75% delle transazioni finanziarie islamiche sono vendite a costo maggiorato.

Murabaha era originariamente una transazione di scambio in cui un commerciante acquista articoli richiesti da un utente finale. Il commerciante vende quindi tali articoli all'utente finale a un prezzo calcolato utilizzando un margine di profitto concordato rispetto ai costi sostenuti dal commerciante.

Per essere in conformità con i principi della finanza islamica che regolano le transazioni di cambio, ogni transazione murabaha deve soddisfare le seguenti condizioni:

Le transazioni Murabaha possono essere effettuate solo quando il cliente di una banca o di un istituto finanziario desidera acquistare una merce. Questo tipo di transazione non può essere effettuato nei casi in cui il cliente desideri ottenere fondi per uno scopo diverso dall'acquisto di una merce, come il pagamento degli stipendi, il pagamento di cambiali o altre passività.

Per renderla una transazione valida è necessario che la merce sia effettivamente acquistata dalla banca ed entri nella proprietà e nel possesso (fisico o costruttivo) della banca in modo che possa assumersi il rischio della merce fintanto che rimane sotto sua proprietà e possesso.

Dopo aver acquisito la proprietà e il possesso della merce, questa dovrebbe essere venduta al cliente attraverso una vendita valida.

Alcuni trimestri hanno equiparato le transazioni murabahah ai prestiti basati sugli interessi. Tuttavia, ci sono molti fattori significativi che distinguono un contratto murabaha da uno basato su riba . Alcuni di loro sono i seguenti:

In caso di inadempimento da parte dell'utente finale, il finanziatore potrà far valere solo le voci finanziate e nessun ulteriore maggiorazione o penalità potrà essere applicata all'importo dovuto. Ciò significa che l'importo da rimborsare non aumenta nel tempo come nel caso di importi presi in prestito da banche convenzionali a interesse. Inoltre, nel finanziamento convenzionale, la banca concede prestiti ai propri clienti senza mai preoccuparsi di come viene utilizzato il denaro.

In caso di transazione murabahah , non viene prestato denaro al cliente. Piuttosto, la parte finanziatrice acquista personalmente la merce, in base alle esigenze del cliente. Ciò garantisce che il finanziamento sia sempre basato sul patrimonio. In effetti , questo tipo di finanziamento crea beni reali e scorte . Un'altra grande differenza tra un contratto murabahah e uno basato sugli interessi è che il finanziatore non può essere indifferente agli scopi per i quali il bene in leasing deve essere utilizzato. Le banche convenzionali non si fanno scrupoli nel concedere prestiti a case da gioco o società di liquori, o persino a registi di film pornografici. I principi islamici della finanza si basano su una regola ben consolidata che impone che "Il vantaggio di una cosa è un ritorno per la responsabilità per la perdita da quella cosa". Quindi, in una transazione murabahah la banca o il finanziere si assume il rischio acquistando la merce prima di venderla a un markup. Questo mark up è considerato come la ricompensa del rischio che si assume. I prestiti fruttiferi non assumono alcun rischio. In altre parole, poiché la banca è proprietaria della merce, e quindi si occupa di compravendita, il suo profitto deriva da un servizio reale che comporta un certo rischio. Questo aspetto conferisce legittimità alla transazione.

La maggior parte degli studiosi ha stabilito che, per fungere da deterrente nei confronti di coloro che possono ritardare intenzionalmente i pagamenti, il finanziatore può convincere l'acquirente ad accettare, al momento del contratto, di effettuare una donazione prestabilita a un ente di beneficenza concordato in caso di ritardo pagamento delle rate mensili.

Questi studiosi, tuttavia, avvertono che questo dispositivo dovrebbe essere utilizzato nella misura minima e solo nei casi in cui musharakah o mudarabah non sono praticabili per un motivo o per l'altro.

B. Accordo di partecipazione agli utili (mudaraba). Questo è identico a un fondo di investimento in cui i gestori gestiscono un pool di fondi. L'agente-gestore ha una responsabilità relativamente limitata pur avendo incentivi sufficienti per agire. Il capitale è investito in attività ampiamente definite e i termini di condivisione degli utili e dei rischi sono personalizzati per ogni investimento. La struttura delle scadenze va dal breve al medio termine ed è più adatta alle attività commerciali.

Mudaraba implica un contratto tra due parti in base al quale una parte, il rabb al-mal (proprietario effettivo o partner dormiente), affida denaro all'altra parte chiamata mudarib (gestore fiduciario o partner lavorativo). Il mudarib deve utilizzarla in modo concordato e quindi restituire al rabb al-mal il capitale e la quota prestabilita del profitto. Tiene per sé ciò che resta di tali profitti.

Le seguenti regole devono governare tutte le transazioni di Mudaraba .

- La ripartizione degli utili tra le due parti deve necessariamente avvenire su base proporzionale e non può essere forfetaria oa rendimento garantito.

- L'investitore non è responsabile per le perdite oltre il capitale che ha contribuito. Il mudarib non condivide le perdite tranne che per la perdita del suo tempo e dei suoi sforzi.

- In breve, una banca islamica presta denaro a un cliente per finanziare una fabbrica, ad esempio, in cambio della quale la banca otterrà una determinata percentuale dei profitti netti della fabbrica ogni anno per un determinato periodo. Questa quota di utili prevede il rimborso del capitale e un utile che la banca trasferirà ai propri depositanti. Se la fabbrica perde denaro, la banca, i suoi depositanti e il mutuatario assorbono tutti congiuntamente le perdite, mettendo così in pratica il fondamentale principio islamico secondo cui i fornitori e gli utilizzatori del capitale dovrebbero condividere rischi e benefici.

Le banche islamiche utilizzano questo strumento per finanziare coloro che cercano investimenti per gestire le proprie imprese o unità professionali, siano essi medici o ingegneri o commercianti o artigiani. La banca fornisce i finanziamenti adeguati in quanto proprietaria del capitale in cambio di una quota dell'utile da concordare.

Vale la pena notare che questa modalità è ad alto rischio per la banca perché la banca consegna il capitale al mudarib che si assume il lavoro e la gestione e il mudarib sarà garante solo in caso di negligenza e violazione di domicilio. Le banche islamiche sono solite prendere le precauzioni necessarie per diminuire il rischio e garantire una migliore esecuzione della mudaraba e perseguono questo obiettivo con serietà.

Tuttavia, si può notare che, sotto mudarabah , la responsabilità del finanziere è limitata alla misura del suo contributo al capitale, e non di più.

C. Partecipazione al capitale (musharaka). Questo è analogo a una classica joint venture. Sia l'imprenditore che l'investitore contribuiscono al capitale (beni, competenze tecniche e manageriali, capitale circolante,

ecc.) dell'operazione in vari gradi e concordare di condividere i rendimenti (così come i rischi) in proporzioni concordate in anticipo. Tradizionalmente, questa forma di transazione è stata utilizzata per il finanziamento di immobilizzazioni e capitale circolante a medio e lungo termine.

Musharaka è una partnership, normalmente di durata limitata, costituita per realizzare un progetto specifico.

È, quindi, simile a una joint venture di tipo occidentale ed è anche considerata da alcuni come la forma più pura di strumento finanziario islamico, poiché è conforme ai principi di partenariato alla base della condivisione e del beneficio del rischio. La partecipazione a un musharaka può avvenire in un nuovo progetto o fornendo fondi aggiuntivi per uno esistente. Gli utili sono suddivisi su una base predeterminata e le eventuali perdite ripartite in proporzione al contributo di capitale. In questo caso, la banca stipula una partnership con un cliente in cui entrambi condividono il capitale azionario - e forse anche la gestione - di un progetto o di un'operazione, ed entrambi condividono gli utili o le perdite in base alla loro partecipazione azionaria. Ci sono due tipi fondamentali di musharaka :(Usmani & Zubairi , 2002)

- Sharikah al milk: partnership basata sulla comproprietà. Ciò può essere volontario , ad esempio nell'acquisto di una nave, o involontario

ad esempio a seguito di eredità.

- Sharikah al uqud : partnership basata su un rapporto contrattuale.

Ci sono cinque suddivisioni:

1. Sharikat al Mufawadah (piena autorità e obbligo): una società in accomandita semplice con uguali apporti di capitale, responsabilità, piena autorità per conto di altri e responsabilità per le passività sostenute durante il normale corso degli affari.

2. Sharikat al Inan (autorità e obblighi limitati): una società in accomandita semplice con apporti di capitale disuguali. Non condividono la stessa responsabilità e questo riflette la loro quota di profitti.

3. Sharikat al Wujuh (buona volontà/affidabilità creditizia): società basate sulla reputazione di una o entrambe le parti, in genere piccole imprese.

4. Sharikat al Abdan (lavoro , abilità e gestione): un'azienda basata sul contributo degli sforzi umani , nessun contributo di capitale, ancora una volta, tipicamente piccola impresa.

5. Sharikat al Mudaraba : un mudaraba

D. Leasing (ijara). Un altro strumento popolare, che rappresenta circa il 10% delle transazioni finanziarie islamiche, è il leasing. Il leasing è progettato per finanziare veicoli, macchinari, attrezzature e aeromobili.

Sono ammesse diverse forme di leasing, inclusi i leasing in cui a

parte del pagamento della rata è destinata all'acquisto finale (con il trasferimento della proprietà al locatario).

L'Ijarah può essere definito come un processo mediante il quale "l'usufrutto di una particolare proprietà viene trasferito a un'altra persona in cambio di un affitto richiesto da lui/lei". Per molti aspetti, Ijarah assomiglia al leasing come viene praticato nel mondo commerciale di oggi. La caratteristica distintiva di questa modalità è che i beni rimangono di proprietà della banca islamica che li mette in affitto ogni volta che termina il periodo di locazione per non rimanere inutilizzati per lunghi periodi di tempo. Sotto ijarah la banca o la società di leasing si assume il rischio di recessione o di diminuzione della domanda di questi beni.

Per essere in conformità con i principi della finanza islamica che regolano le transazioni finanziarie, ogni transazione di ijarah deve soddisfare le seguenti condizioni.

- È condizione che l'oggetto locato non sia deperibile o consumabile.
- Il contratto di locazione è per l'utilizzo non il consumo del bene.
- È condizione che l'oggetto del contratto sia effettivamente e legalmente raggiungibile. Non è consentito noleggiare qualcosa che non può essere consegnato.
- Il locatario deve garantire che il bene sia utilizzato per lo scopo per il quale è stato creato. Il locatario deve rispettare le disposizioni del contratto. Il locatario, inoltre, non potrà beneficiare del bene in misura superiore a quanto pattuito.
- Non è consentito affittare immobili da utilizzare come banca a interessi o bar. Tuttavia è consentito affittare proprietà a coloro le cui attività principali sono consentite o halal anche se includono alcune pratiche secondarie vietate.
- Il locatore deve non solo consegnare il bene in tempo, alla data di inizio del contratto di locazione, ma anche assicurare che il locatore consegni anche quegli accessori che sono essenziali affinché il locatario possa beneficiare del bene come da norme.
- Il contratto di locazione deve indicare chiaramente il periodo di locazione. Anche i termini di rinnovo devono essere indicati chiaramente, e cose come gli affitti per tutti gli anni successivi,

dopo il primo anno, non devono menzionare clausole come 'lasciato all'insindacabile giudizio del locatore' e simili.

- Il noleggio deve essere denaro. Il canone di locazione decorre dal ricevimento del bene da parte del locatario, non dalla data di firma del contratto.

- L'importo e la tempistica dei canoni di locazione devono essere concordati in anticipo. Tuttavia, il calendario concordato e l'importo di tali pagamenti non devono essere uniformi.

- È consentito che le due parti si accordino durante il periodo di locazione per rivedere il periodo di locazione o il noleggio o entrambi. Questo perché il contratto di locazione avviene periodicamente a differenza del contratto di compravendita dove il passaggio di proprietà è immediato.

- Il locatore sostiene le passività durante il leasing del bene, come i danni al bene, il pagamento del costo del premio e la manutenzione di base.

- Non vi è alcuna obiezione ad autorizzare il locatario a intraprendere tutto quanto sopra, ma i relativi costi devono essere sostenuti dal locatore/proprietario.

- Il locatore/proprietario sostiene tutti i costi della manutenzione di base legalmente vincolante e si tratta di operazioni da cui dipende la permanenza e l'idoneità dell'oggetto locato.

Il locatore sostiene anche il costo della sostituzione delle parti durevoli. Tuttavia, è lecito far sostenere al locatario il costo della manutenzione ordinaria ordinaria, perché tale costo è normalmente noto e può essere considerato come parte del noleggio.

- Devono essere dichiarate le condizioni di utilizzo degli oggetti noleggiati. Il locatore deve avere il pieno possesso e la proprietà legale del bene prima di darlo in locazione.

- Non è possibile predeterminare un prezzo per la vendita del bene alla scadenza del contratto di locazione. Tuttavia, il locatore e il locatario possono concordare la continuazione del leasing o la vendita del bene locato al locatario in base a un nuovo accordo alla fine del periodo di leasing iniziale.

- In caso di ritardato pagamento del canone di locazione, l'Ijarah può essere risolto immediatamente.

- Il locatore può chiedere il risarcimento di eventuali danni causati ai beni locati a causa di negligenza da parte del locatario.

Letteralmente, Ijarah significa dare qualcosa in affitto. Come termine di Fiqh islamico, Ijarah può anche riferirsi ai salari pagati a una persona in considerazione dei servizi resi da lui/lei. Nella discussione di cui sopra, il termine Ijarah è usato per rappresentare gli usufrutti di beni e proprietà, e non per i servizi di esseri umani.

E. Salam è una delle condizioni fondamentali per la validità della vendita in Shari'ah che la merce destinata ad essere venduta deve essere in possesso fisico o costruttivo del venditore. Questa condizione ha tre implicazioni:

In primo luogo, la merce deve esistere; una merce che non esiste al momento della vendita non può essere venduta.

In secondo luogo, il venditore avrebbe dovuto acquisire la proprietà di quella merce. Se la merce esiste ma il venditore non la possiede, non può venderla a nessuno.

In terzo luogo, la semplice proprietà non è sufficiente. Sarebbe dovuto entrare in possesso del venditore, fisicamente o costruttivamente. Se il venditore possiede una merce, ma non ne ha acquisito la consegna da solo o tramite un agente, non può venderla.

a questo principio generale nella shari'a

. Uno è Salam e l'altro è Istisna . Entrambe sono vendite di natura speciale.

Salam, o Bay-Salaam come viene anche chiamata, è una vendita con la quale il venditore si impegna a fornire alcuni beni specifici all'acquirente in una data futura in cambio di un prezzo anticipato interamente pagato sul posto.

Qui il prezzo viene pagato in contanti, ma la fornitura della merce acquistata è differita. L'acquirente si chiama "Rabb-us-Salam", il venditore è " Muslam ilaih ", il prezzo in contanti è " ra's - ul -mal", e la merce acquistata è definita come " muslam boh ".

La Shari'ah consente Salam a determinate condizioni. Lo scopo fondamentale di questa vendita era soddisfare le esigenze dei piccoli agricoltori che avevano bisogno di denaro per coltivare i loro raccolti e nutrire la loro famiglia fino al momento del raccolto. Dopo il divieto della riba non potevano prendere prestiti usurari. Pertanto, è stato consentito loro di vendere i prodotti agricoli in anticipo.

Allo stesso modo, i commercianti d'Arabia erano soliti esportare merci in altri luoghi e importare altre merci nella loro patria. Avevano bisogno di soldi per intraprendere questo tipo di attività. Non potevano prendere in prestito dagli usurai dopo la proibizione della riba . Era quindi consentito loro di vendere la merce in anticipo. Dopo aver ricevuto il loro prezzo in contanti, potevano facilmente intraprendere la suddetta attività. Salam era vantaggioso per il venditore, perché riceveva il prezzo in anticipo, ed era vantaggioso anche per l'acquirente, perché normalmente il prezzo in Salam era inferiore al prezzo nelle vendite spot.

L'ammissibilità di Salam era un'eccezione alla regola generale che vieta le vendite a termine. Pertanto, è stato sottoposto ad alcune condizioni rigorose.

Condizioni di Salam:

Per la validità di Salam è necessario che l'acquirente paghi integralmente il prezzo al venditore al momento dell'effettuazione della vendita. Ciò è necessario perché in assenza del pagamento integrale da parte dell'acquirente, equivarrà a una vendita di debito contro debito, che è espressamente vietata. Inoltre, la saggezza di base dietro l'ammissibilità di Salam è soddisfare i bisogni immediati del venditore. Se il prezzo non gli viene pagato per intero, lo scopo fondamentale della transazione verrà vanificato.

Salam può essere effettuato solo in quelle merci la cui qualità e quantità possono essere specificate esattamente. Le cose la cui qualità o quantità non è determinata dal disciplinare non possono essere vendute attraverso il contratto di Salam. Ad esempio, le pietre preziose non possono essere vendute sulla base di Salam, perché ogni pezzo di pietre preziose è normalmente diverso dall'altro sia nella sua qualità che nella sua dimensione o peso e la loro specificazione esatta non è generalmente possibile.

Il salam non può essere effettuato su una particolare merce o su un prodotto di un particolare campo o fattoria.

Ad esempio, se il venditore si impegna a fornire il grano di un particolare campo, o il frutto di un particolare albero, il Salam non sarà valido, perché esiste la possibilità che il prodotto di quel particolare campo o il frutto di quell'albero venga distrutto prima la consegna, ed in presenza di tale possibilità la consegna rimane incerta.

La stessa regola vale per ogni merce la cui offerta non è certa. È necessario che la qualità della merce (che si intende acquistare tramite Salam) sia completamente specificata senza lasciare ambiguità che possano dar luogo a contestazioni. Tutti i dettagli possibili al riguardo devono essere espressamente menzionati.

Occorre anche che la quantità della merce sia concordata in termini univoci. Se la merce è quantificata in pesi secondo l'uso dei suoi commercianti, se ne deve determinare il peso, e se è quantificata mediante misure, se ne deve conoscere la misura esatta. Ciò che normalmente viene pesato non può essere specificato in misure e viceversa.

La data esatta di consegna deve essere specificata nel contratto. Salam non può essere effettuato nei confronti di quelle cose che devono essere consegnate sul posto. Ad esempio, se l'oro viene acquistato in cambio di argento, è necessario, secondo la Shari'ah , che la consegna di entrambi sia simultanea. Qui Salam non può lavorare. Allo stesso modo, se il grano viene barattato con l'orzo, la consegna simultanea di entrambi è necessaria per la validità della vendita, quindi il contratto di Salam in questo caso non è consentito.

È consentito stipulare un contratto di vendita Salam su una cosa intera ma essere posseduto in momenti diversi in parti specifiche.

La vendita Salam non è consentita su merci esistenti perché il danno e il deterioramento non possono essere assicurati prima della consegna alla data di scadenza. La consegna potrebbe diventare impossibile.

Salam è consentito su un prodotto di una località specifica se è assicurato che sia quasi sempre disponibile in quella località e raramente diventa non disponibile.

Il luogo di consegna deve essere indicato nel contratto se la merce necessita di spese di carico o di trasporto. È consentito assumere ipoteca e garante sul debito di Salam per garantire che il venditore soddisfi il proprio obbligo consegnando la merce venduta, che è una passività alla data di scadenza.

Non è consentito all'acquirente di una merce Salam venderla prima di riceverla perché è simile alla vendita proibita di debiti prima di detenerla. È noto che la merce Salam è un debito passivo nei confronti del venditore e non una merce esistente. Al contrario, è consentito all'acquirente stipulare un contratto Salam parallelo senza collegarlo al primo contratto Salam. La vendita di Salam è adatta per il finanziamento delle operazioni agricole, in cui la banca può effettuare transazioni con gli agricoltori che dovrebbero avere la merce in abbondanza durante il raccolto dai propri raccolti o dai raccolti di altri, che possono acquistare e consegnare nel caso in cui i loro raccolti falliscano . Così la banca rende grandi servizi agli agricoltori nel loro modo di raggiungere i loro obiettivi di produzione.

La vendita Salam viene utilizzata anche per finanziare attività commerciali e industriali, in particolare le fasi precedenti alla produzione e all'esportazione di merci e cioè acquistandole su Salam e commercializzandole a prezzi vantaggiosi.

La vendita Salam viene applicata dalle banche per finanziare artigiani e piccoli produttori fornendo loro input di produzione come capitale Salam in cambio di alcune delle loro merci da rivendere.

L'ambito della vendita di Salam è abbastanza ampio da coprire le esigenze di varie persone come agricoltori, industriali, appaltatori o commercianti. Può coprire il finanziamento dei costi operativi e dei beni strumentali.

F. Istisna è il secondo tipo di vendita in cui una merce viene scambiata prima che venga all'esistenza.

Significa ordinare a un produttore di fabbricare una merce specifica per l'acquirente. Se il produttore si impegna a fabbricare la merce per lui, entra in gioco la transazione di Istisna esistenza. Ma è necessario per la validità di Istisna che il prezzo sia fissato con il consenso delle parti e che la specificazione necessaria della merce (destinata a essere fabbricata) sia pienamente concordata tra di loro.

Il contratto di Istisna crea per il produttore l'obbligo morale di fabbricare il bene, ma prima che inizi i lavori, ciascuna delle parti può recedere dal contratto, previo preavviso all'altra.

Ma dopo che il produttore ha avviato i lavori, il contratto non può essere annullato unilateralmente.

Tuttavia, l'ordinante ha il diritto di recedere se la merce non è conforme alle specifiche richieste.

Istisna come modalità di finanziamento: può essere utilizzato per fornire la possibilità di finanziamento in determinate operazioni, in particolare nel settore del finanziamento della casa.

Se il cliente ha il proprio terreno e cerca finanziamenti per la costruzione di una casa, il finanziatore può impegnarsi a costruire la casa su quel terreno aperto, sulla base di Istisna , e se il cliente non ha terreno e vuole acquistare il inoltre, il finanziatore può impegnarsi a fornirgli una casa costruita sul pezzo di terreno specificato.

Poiché non è necessario in Istisna che il prezzo sia pagato anticipatamente, né è necessario che sia pagato al momento della consegna, anzi, può essere differito in qualsiasi momento secondo l'accordo delle parti, pertanto, il il tempo di pagamento può essere fissato in qualsiasi modo lo desiderino. Il pagamento può essere anche rateale.

D'altra parte, non è necessario che il finanziere stesso costruisca la casa. Può stipulare un contratto parallelo di Istisna con una terza parte o può assumere i servizi di un appaltatore (diverso dal cliente). In entrambi i casi, può calcolare il suo costo e fissare il prezzo di Istisna con il suo cliente in modo tale da dargli un ragionevole profitto rispetto al suo costo. Il pagamento delle rate da parte del cliente può iniziare, in questo caso, sin dal giorno in cui il contratto di Istisna viene firmato dalle parti, e può continuare durante la costruzione della casa e dopo la sua consegna al cliente. Al fine di garantire il pagamento delle rate, la banca, a titolo di garanzia, può trattenere i titoli di proprietà della casa o del terreno, o di qualsiasi altra proprietà, fino al pagamento dell'ultima rata da parte del cliente. La banca, in questo caso, sarà responsabile della costruzione della casa in piena conformità con le specifiche dettagliate nel contratto. In caso di discrepanza, il finanziatore intraprenderà a proprie spese le modifiche che potrebbero essere necessarie per renderlo in armonia con i termini del contratto.

Lo strumento di Istisna potrà essere utilizzato anche per project financing su linee analoghe. Se un cliente desidera installare macchinari nella sua fabbrica, e il macchinario deve essere fabbricato, il finanziatore può impegnarsi a preparare il macchinario attraverso il contratto di Istisna secondo la suddetta procedura. Gli stessi principi saranno pienamente applicabili alla costruzione di un edificio per l'industria.

Istisna aprono ampi campi di applicazione alle banche islamiche per finanziare i bisogni pubblici e gli interessi vitali della società per lo sviluppo dell'economia islamica. I contratti Istisna trovano applicazione nei settori ad alta tecnologia come l'industria aeronautica, locomotiva e cantieristica navale, oltre alle diverse tipologie di macchine prodotte in grandi fabbriche o officine. Il contratto di Istisna trova applicazione anche nel settore edile per condomini, ospedali, scuole e università.

Differenza tra Istisna e Salam:

1. Il soggetto di Istisna è sempre una cosa che ha bisogno di manifattura, mentre Salam può essere effettuato su qualsiasi cosa, non importa se ha bisogno di manifattura o meno.

2. È necessario per Salam che il prezzo sia pagato in anticipo, mentre non è necessario per Istisna .

3. Il contratto di Salam, una volta stipulato, non può essere risolto unilateralmente, mentre il contratto di Istisna può essere risolto prima che il produttore inizi i lavori.

4. Il tempo di consegna è una parte essenziale della vendita in Salam mentre non è necessario in Istisna che il tempo di consegna sia fissato.

5. L'acquirente può stipulare nel contratto di Istisna che il bene sia fabbricato o prodotto da uno specifico fabbricante, ovvero fabbricato con materiali specifici. Ciò non è consentito in caso di vendita di Salam.

Differenza tra Istisna e Ijarah:

Va inoltre tenuto presente che il produttore, in Istisna , si impegna a realizzare con materiale proprio la merce richiesta. Pertanto, tale transazione implica che il produttore si procurerà il materiale, se non è già in suo possesso, e si occuperà con esso delle lavorazioni necessarie alla realizzazione della merce ordinata.

Tuttavia, se il cliente fornisce il materiale e il produttore è tenuto a utilizzare solo il suo lavoro e la sua abilità, la transazione non è Istisna . In questo caso si tratterà di una transazione di Ijarah in base alla quale i servizi di una persona vengono trattenuti per una tariffa specifica pagata a lui.

capitolo 2
Principali organizzazioni della finanza islamica

All'inizio l'industria concentrò tutta la sua attenzione sul commercio al dettaglio, a cui seguì l'attività di banca commerciale. Il passo successivo, le attività del mercato dei capitali, ha richiesto un po' più di tempo per essere sviluppato, ma ha iniziato a crescere in brevissimo tempo e questo boom ha attratto sempre più attori in questo business, in particolare i paesi occidentali a metà degli anni '90 . Poiché l'industria della finanza islamica ha attratto sempre più paesi e l'interesse pubblico è cresciuto in tutto il mondo, le banche centrali e le autorità di regolamentazione di questi paesi hanno iniziato a chiedere regolamentazione e supervisione dell'industria della finanza islamica. Un altro problema aggiuntivo che ha seguito il boom delle IFI è stata la differenza nei prodotti disponibili da queste istituzioni. All'inizio degli anni '70, le IFI iniziarono a consultare sempre più esperti di diritto islamico per essere sicuri che il loro prodotto fosse aderente alla Shari'ah . Tuttavia, era necessaria un'impostazione standard in modo che almeno i prodotti potessero avere lo stesso contenuto, se non lo stesso nome. Tutti questi problemi hanno portato all'istituzione di consigli per la Shari'ah all'interno delle IFI. Ma questo non è stato sufficiente perché le incoerenze nelle interpretazioni dei diversi consigli di Shari'ah nelle IFI hanno portato al fatto che alcune transazioni erano conformi alla Shari'ah nelle regole di un consiglio e non conformi alla Shari'ah nelle regole di un altro consiglio. Pertanto, gli organi di definizione degli standard internazionali come l'Organizzazione per la contabilità e la revisione contabile delle istituzioni finanziarie islamiche (AAOIFI), il Consiglio per i servizi finanziari islamici (IFSB), l'Agenzia di rating internazionale islamica (IIRA) e il mercato finanziario islamico internazionale (IIFM) sono stati trovati per facilitare, da l'emanazione di standard e linee guida internazionali, l'interpretazione omogenea della giurisprudenza islamica e la gestione delle questioni di governo societario. Recentemente è stata istituita l'International Islamic Liquidity Management Corp (IILM) per assistere le istituzioni che offrono servizi finanziari islamici nell'affrontare i loro problemi di gestione della liquidità in modo efficiente ed efficace. Questi principali organi della finanza islamica sono spiegati in dettaglio nei seguenti sottocapitoli.

1. Schede della Shari'ah

Va sottolineato che il consiglio della Shari'ah non è di per sé un organismo di definizione degli standard, ma assiste altre organizzazioni di regolamentazione e definizione degli standard nello stabilire e mantenere una buona pratica di governance tra le IFI. Shari'ah board è un comitato di studiosi islamici il cui compito è verificare se i nuovi prodotti presentati dalle IFI sono conformi alla Shari'ah . Le funzioni di questi studiosi sono simili a quelle dei membri dei consigli di amministrazione delle società convenzionali, cioè non sono impiegati da IFI ma ricevono onorari e hanno il diritto di essere membri dei consigli della Shari'ah in diverse IFI contemporaneamente. Quest'ultimo è perché ci sono poche dozzine di studiosi della Shari'ah che hanno familiarità sia con la legge islamica che con le moderne esigenze finanziarie nel mondo. Sebbene il numero di tali studiosi stia crescendo, è ancora in ritardo rispetto alla crescita delle esigenze del settore. Il primo consiglio della Shari'ah è stato istituito dalla Faisal Islamic Bank egiziana nel 1976 e ben presto altre IFI hanno seguito questo esempio. Oggi i consigli di Shari'ah delle IFI sono richiesti dalla legge nella maggior parte dei paesi islamici, e anche se non è richiesto dalla legge, i consigli di Shari'ah sono diventati una parte importante delle IFI. Tuttavia, ultimamente i consigli di amministrazione della Shari'ah sono stati criticati da molti economisti per essere parte dei problemi di governo societario o teoria dell'agenzia nelle IFI a causa del conflitto di interessi. Per affrontare questo tipo di problemi, la Malesia, come primo paese al mondo, ha stabilito che gli studiosi siano membri del consiglio della Shari'ah di un massimo di tre IFI contemporaneamente. Gli standard dell'AAOIFI hanno definito i doveri dei consigli di amministrazione della Shari'ah come dirigere, rivedere e supervisionare le attività delle IFI al fine di garantire che siano conformi ai principi della Shari'ah . Gli standard AAOIFI hanno inoltre reso obbligatorio per tutte le IFI eleggere i propri membri del consiglio Shari'ah attraverso l'assemblea generale annuale degli azionisti su raccomandazione del consiglio di amministrazione, tenendo conto della legislazione e dei regolamenti locali. Precisa inoltre che tali membri non devono essere scelti tra amministratori e azionisti di maggioranza dell'IFI. Il mantenimento e la formalizzazione del ruolo normativo interno dei comitati della Shari'ah è considerato vitale poiché questi organi interni sono nella posizione migliore per assistere le loro singole organizzazioni nel raggiungimento della conformità alla Shari'ah , e quindi svolgono un ruolo importante nel contesto normativo generale.

2. AAOFI

L'Organizzazione per la contabilità e la revisione contabile delle istituzioni finanziarie islamiche (AAOIFI) è un ente internazionale islamico autonomo senza scopo di lucro che prepara gli standard di contabilità, revisione contabile, governance, etica e Shari'ah per le istituzioni finanziarie islamiche. È stato istituito in conformità con l'Accordo di associazione firmato dalle istituzioni finanziarie islamiche il 26 febbraio 1990 ad Algeri. L'AAOIFI ha una struttura organizzativa a due livelli al fine di separare la funzione di definizione degli standard dal finanziamento dell'organizzazione, in modo che gli enti normatori non siano soggetti a conflitto di interessi. Le IFI non sono obbligate ad adattare gli standard e le linee guida dell'AAOIFI. Tuttavia, le autorità di regolamentazione e di vigilanza di tutto il mondo fanno sempre più affidamento su di esse e allineano i loro standard in base ad essa. Ad esempio , molti consigli di Shari'ah sono composti da almeno tre studiosi che hanno una vasta esperienza finanziaria e una formazione in questioni legali secondo gli standard AAOIFI. L'AAOIFI fornisce linee guida per le IFI quando/se incontrano difficoltà nell'interpretazione o nella comprensione di questioni relative a nuovi prodotti finanziari. Finora l' AAOIFI ha emesso 25 standard in contabilità, 5 in auditing, 7 in corporate governance e 2 codici etici. L'AAOIFI si sta concentrando sul lato della revisione contabile e della contabilità, in cui i processi e le transazioni devono essere gestiti in modo diverso dalla pratica bancaria convenzionale.

3. IFSB

Per garantire uno sviluppo solido e stabile dell'industria finanziaria islamica, essa deve essere sostenuta da un solido quadro normativo e di vigilanza. Per soddisfare questo requisito, nel 2002 è stato istituito l'Islamic Financial Services Board (IFSB). L'IFSB è un organismo internazionale ospitato dalla Malesia. Ha l'importante mandato di sviluppare gli standard prudenziali in conformità con le caratteristiche uniche dell'istituto finanziario islamico. L'IFSB è stata fondata con il patrocinio del Fondo monetario internazionale e, in stretta collaborazione con l'FMI e il Comitato di Basilea per la vigilanza bancaria, è diventata una delle organizzazioni internazionali più influenti che promuovono la finanza islamica e i suoi standard. L'IFSB cerca di adattare gli standard e le linee guida esistenti delle organizzazioni citate e li adegua in conformità con i principi della Shari'ah alle IFI. L'attenzione dell'IFSB è rivolta principalmente alla standardizzazione delle procedure e al modo in cui le sentenze della Shari'ah vengono interpretate in tutto il settore. Dalla sua istituzione, l'IFSB ha emesso 17 standard, principi guida e note tecniche nei settori della gestione del rischio, della corporate governance, della trasparenza e della disciplina di mercato, ecc. L'IFSB collabora strettamente con il Comitato di Basilea per la vigilanza bancaria, l'Organizzazione internazionale per le commissioni sui titoli e l'Associazione internazionale delle autorità di vigilanza assicurativa.

4. IIRA

L'Islamic International Rating Agency (IIRA) ha iniziato a operare nel luglio 2005 per facilitare lo sviluppo dei mercati finanziari regionali e nazionali delineando il relativo rischio di investimento o di credito, fornendo una valutazione del profilo di rischio di entità e strumenti. Questo dovrebbe essere parte integrante del processo decisionale utilizzato dagli investitori istituzionali. IIRA aiuta l'industria dei servizi finanziari islamici a ottenere il riconoscimento a livello locale e internazionale come istituzioni finanziarie forti e capaci, aderendo a maggiori standard di divulgazione e trasparenza. La sua missione è sostenere lo sviluppo del mercato dei capitali regionale e migliorarne il funzionamento. IIRA è diventata un'alternativa alle agenzie di rating internazionali e si propone di diventare un riferimento su cui investitori e finanziatori possono fare affidamento per raggiungere la "Qualità" in termini di rispetto delle relative regole e principi della Shari'ah per i servizi finanziari islamici. IIRA è un organismo a scopo di lucro e funziona come le sue controparti convenzionali, addebitando una tariffa fissa per pezzo di lavoro.

5. IIFM

L'International Islamic Financial Market (IIFM) è l'ente di standardizzazione globale per il segmento Islamic Capital & Money Market delle IFI. Il suo obiettivo principale risiede nella standardizzazione dei prodotti finanziari islamici, della documentazione e dei relativi processi.
L'accordo per l'istituzione dell'IIFM è stato firmato nel novembre 2001 dai governatori delle banche centrali/agenzie monetarie di Malesia, Bahrein, Indonesia, Sudan e dal presidente della Banca islamica di sviluppo. Ha iniziato la sua attività nel 2002. I suoi obiettivi principali sono:

1. Promuovere la creazione e lo sviluppo di un mercato finanziario internazionale basato sulle regole e sui principi della Shari'ah
2. Affrontare la questione della gestione della liquidità nelle IFI
3. Sviluppare un mercato secondario attivo e
4. Creare l'ambiente che incoraggerà le istituzioni finanziarie islamiche e non islamiche a partecipare attivamente a un mercato secondario e l'informazione di nuove istruzioni tracciabili.

L'IIFM fungerà anche da punto focale per l'armonizzazione delle interpretazioni della Shari'ah nel mercato finanziario globale e rafforzerà il quadro di cooperazione tra le IFI a livello globale. Nel settembre 2006 l'IIFM ha firmato un memorandum d'intesa con l'International Swaps and Derivatives Association (ISDA), con l'obiettivo di sviluppare un accordo quadro per documentare transazioni di derivati conformi alla Shari' a negoziate privatamente. Nel marzo 2010 è stato lanciato l'accordo quadro ISDA/IIFM Tahawwut . Si tratta di un documento quadro completamente nuovo, anche se la struttura del documento è simile al convenzionale accordo quadro ISDA. Tuttavia, i meccanismi chiave e l'approvvigionamento, come eventi di cessazione anticipata, liquidazione e netting, sono sviluppati sulla base dei principi della Shari'ah islamica.

6. IILM

L'International Islamic Liquidity Management Corp (IILM) è uno sforzo collaborativo di 11 banche centrali o agenzie monetarie di paesi come Malesia, Indonesia, Iran, Lussemburgo ed Emirati Arabi Uniti, nonché due organizzazioni multilaterali per assistere le istituzioni che offrono servizi finanziari islamici nell'affrontare la loro gestione della liquidità. L'IILM è stato istituito per assistere le istituzioni che offrono servizi finanziari islamici nell'affrontare i loro problemi di gestione della liquidità in modo efficiente ed efficace. Questa istituzione affronta uno dei problemi fondamentali delle istituzioni finanziarie islamiche: la fornitura di liquidità adeguata in tempi di stress. L'IILM dovrebbe emettere strumenti finanziari conformi alla Shari'ah di alta qualità, classificati tripla A, liquidi, negoziabili e a basso rischio , sia a livello nazionale che transfrontaliero, per migliorare la solidità e la stabilità dei mercati finanziari islamici. Gli strumenti dell'IILM saranno utilizzati nella gestione della liquidità come garanzia idonea per transazioni interbancarie e finanziamenti della banca centrale, o attraverso la negoziazione di strumenti IILM (all'interno dello stesso paese o transfrontalieri) nel mercato secondario. Poiché l'IILM ha lo scopo di facilitare la gestione transfrontaliera della liquidità, i suoi strumenti saranno denominati nelle principali valute di riserva come il dollaro USA e l'euro. Questo per garantire l'accesso a un ampio pool di investitori globali e ampliare la gamma dei suoi titolari, migliorando così le prospettive di un mercato secondario attivo. Se le attività possono essere scambiate attraverso l'IILM, allora molto meno di queste attività saranno detenute dalle istituzioni.

capitolo 3
Lo sviluppo della finanza islamica

Il mercato globale della finanza islamica è cresciuto rapidamente negli ultimi anni. Thomson Reuters ha stimato che il mercato dei servizi di finanza islamica, misurato dagli asset conformi alla Sharia, ammontava a circa 2,4 trilioni di dollari alla fine del 2017, con un aumento del 6,5% rispetto all'anno precedente. Le attività globali di Islamic Finance sono cresciute in media del 7,1% annuo durante il periodo 2012-17 . In quel periodo c'è stato solo un anno di diminuzione delle attività di Islamic Finance.

Le attività del settore sono destinate a continuare ad aumentare nei prossimi anni, sostenute dalla domanda interna nelle economie emergenti. Secondo il Thomson Reuters Islamic Finance Development Report 2018, il mercato dovrebbe raggiungere i 3,8 trilioni di dollari entro il 2023. Ci sono circa 1.400 istituzioni registrate a livello globale come organizzazioni conformi alla Sharia nei servizi finanziari.

Il Medio Oriente e il Sud-est asiatico dominano il mercato della finanza islamica. In termini di attività della finanza islamica, l'Arabia Saudita è stato il mercato più grande con $ 509 miliardi di attività, seguita dalla Malesia ($ 491 miliardi) e dagli Emirati Arabi Uniti ($ 222 miliardi)

La finanza islamica ha mostrato resilienza in un momento in cui l'economia globale ha rallentato e le banche convenzionali nei paesi occidentali sono state sotto pressione. Le attività globali della finanza islamica sono raddoppiate dall'inizio del rallentamento economico. Esiste un notevole potenziale per l'espansione della finanza islamica. La popolazione musulmana, che conta circa 1,9 miliardi, rappresenta quasi un quarto della popolazione mondiale, ma le attività conformi alla Sharia costituiscono solo l'1% circa delle attività finanziarie mondiali. Meno di un quinto dei musulmani nel mondo utilizza attualmente prodotti finanziari islamici. Il grado di penetrazione del settore varia notevolmente. Ci sono circa 1.400 istituzioni registrate a livello globale come organizzazioni conformi alla Sharia nei servizi finanziari.

Al di fuori del mondo musulmano, il mercato è più sviluppato in Svizzera, Regno Unito, Hong Kong e Stati Uniti. La finanza islamica, tuttavia, si sta spostando oltre i suoi confini storici verso nuovi territori. La clientela nei paesi occidentali non è necessariamente ristretta ai musulmani; altri clienti potrebbero essere attratti dalle basi etiche della finanza islamica. Altri mercati in cui si sta sviluppando la finanza islamica includono:

• Altri paesi del Medio Oriente e dell'Africa come Egitto, Giordania, Kenya, Marocco, Nigeria, Sud Africa, Sudan e Turchia.

• Altri paesi asiatici come Brunei, Cina, Indonesia e Singapore.

• Paesi sviluppati come l'Australia e il Lussemburgo, che si stanno sviluppando come centri per la finanza islamica. Francia, Germania, Regno Unito e Stati Uniti hanno ciascuno una popolazione musulmana indigena fino a 5 milioni; La Russia ha il più grande in Europa con 16,5 milioni17. Sebbene le attività della finanza islamica siano ancora principalmente nei paesi del CCG, l'impegno con il settore, in particolare con le emissioni di sukuk a Hong Kong, Lussemburgo, Sudafrica e Regno Unito, è importante per l'ulteriore crescita e sviluppo del settore.

Sebbene esistano margini per lo sviluppo del mercato della finanza islamica nei paesi occidentali, è necessario progettare e implementare un'adeguata struttura legale e normativa in molte giurisdizioni. Il settore è ancora generalmente privo di economie di scala e opera in un contesto che spesso non tiene adeguatamente conto delle specificità della finanza islamica.

La crescente portata della finanza islamica offre una serie di possibili vantaggi. Gli aspetti della pratica della finanza islamica possono ridurre l'esposizione del settore a eventi imprevisti nel settore finanziario convenzionale. Il sistema promuove un controllo proattivo sugli accordi di finanziamento che introducono l'effetto leva, preferendo, ove possibile, alternative basate su azioni su una base di condivisione del rischio che supportino meglio la crescita economica. Inoltre, la crescente sofisticazione della finanza islamica significa che potrebbe generare nuovi modi di soddisfare le esigenze di sviluppo dei paesi musulmani, in collaborazione con la finanza convenzionale o in modo indipendente. In particolare, esiste un potenziale significativo per i servizi di finanza islamica per promuovere una maggiore inclusione finanziaria della popolazione musulmana. Grandi segmenti della popolazione musulmana globale sono attualmente poco serviti dalle istituzioni finanziarie, ad esempio, circa l'80% dei musulmani attualmente è considerato non "finanziariamente incluso". Alcuni di questi servizi insufficienti potrebbero essere determinati dalla penetrazione relativamente limitata della finanza islamica tra le popolazioni che, per motivi religiosi, potrebbero non essere disposte a utilizzare i servizi finanziari convenzionali.

A. **Obbligazioni islamiche (Sukuk):**

I giuristi musulmani sottopongono l'acquisto e la vendita di obbligazioni di debito a determinate condizioni al fine di rispettare il divieto di riba (interesse), gharar (incertezza) e maysir (gioco d'azzardo). specificare queste condizioni in dettaglio. In sintesi, il debito deve essere autentico, ovvero non deve essere un sotterfugio prendere in prestito denaro come un accordo di riacquisto legato ad attività. Il debitore deve riconoscere il commercio ei creditori devono essere conosciuti, accessibili e sani. Il trading deve essere su base spot e non contro il debito. È importante sottolineare che il prezzo non può essere diverso dal valore nominale. In linea con questi principi, la prima dottrina sulla finanza senza interessi vietava i titoli societari o governativi e l'attualizzazione delle cambiali. Le pressioni per l'innovazione hanno portato a trovare una via d'uscita da queste limitazioni, ammettendo l'"ingegneria finanziaria". In particolare, sono state sviluppate le obbligazioni basate sul leasing (sukuk alijara). Sebbene siano stati emessi altri sukuk, ad esempio sukuk al- mudaraba , sukuk al- musharaka , sukuk al- murabaha , l' ijara sukuk rimane il più popolare.

Sukuk significa certificato di partecipazione ed è comunemente indicato come un "vincolo islamico". Vengono impiegate tecniche simili ai titoli finanziari strutturati convenzionali, con sukuk simile ai certificati pass-through. Un sakk rappresenta semplicemente un interesse di proprietà proporzionale o indiviso in un bene o insieme di beni. Le obbligazioni islamiche sono più utili se possono essere scambiate

sul mercato secondario per ottenere liquidità. Come sopra indicato, devono essere soddisfatti alcuni requisiti rispetto alla capacità di negoziazione delle obbligazioni sul mercato finanziario islamico. Nello specifico, non possono rappresentare un debito (nell'Islam, la vendita del debito è proibita), come invece possono fare le obbligazioni convenzionali. Devono invece costituire proprietà di un bene approvato. Tale obbligazione si ottiene attraverso la cartolarizzazione del bene, la cui proprietà viene suddivisa in quote di pari valore e incorporata nei certificati sukuk. Il valore del sukuk rimane quindi connesso al valore dell'asset sottostante. Sebbene siano disponibili nelle versioni zero coupon e coupon, la produttività e il rendimento sono legati al profitto dell'attività sottostante e non a un tasso di interesse (sebbene un tasso di interesse come il LIBOR possa essere utilizzato come "benchmark").

Si consideri, ad esempio, il caso del sukuk alijara . L'originator detiene beni (terreni, edifici, aeromobili, navi, ecc .) che devono costituire la base dei rendimenti per l'investitore sukuk. Questi beni vengono venduti dall'originator a un veicolo per scopi speciali (SPV) e quindi vengono dati in leasing a un canone specificato. L'SPV cartolarizza le attività emettendo certificati sukuk che possono essere acquistati dagli investitori. Ogni sukukIn che modo la banca islamica differisce dalla finanza convenzionale?

certificato rappresenta una quota di proprietà dei beni, che dà diritto all'investitore a distribuzioni periodiche da parte della SPV finanziate dai canoni di locazione dell'originator sui beni locati.

I rendimenti possono essere a tasso fisso oa tasso variabile (spesso riferito al LIBOR come "benchmark") a seconda dell'originator.

Finora, l'AAOIFI (Organizzazione per la contabilità e la revisione contabile delle istituzioni finanziarie islamiche) ha emesso standard per quattordici tipi di sukuk. Questi possono essere ampiamente raggruppati in sukuk che comportano rendimenti predeterminati e sukuk che consentono la condivisione di profitti e, in alcuni casi, perdite . Sukuk al- murabaha e sukuk al- murabaha sono esempi di sukuk con condivisione di profitti e perdite. Ad oggi, la maggior parte dei sukuk emessi ha sostenuto rendimenti predeterminati e la maggior parte di tali sukuk sono stati sukuk alijara , spesso con un tasso di rendimento predeterminato.

In effetti, la struttura di base di un sukuk è molto flessibile e può essere variata in vari modi. Le attività sottostanti che vengono raggruppate e cartolarizzate possono essere crediti ijara , murabaha , istisnaa o musharaka , o combinazioni di essi, e i tassi di rendimento possono essere fissi, variabili o zero coupon. I rischi di investimento (rischio di credito, rischio di tasso di interesse, rischio di cambio, rischio di prezzo di mercato, rischio di liquidità) sono molto simili a quelli delle obbligazioni convenzionali e dipendono dal modo in cui è strutturata la cartolarizzazione, anche se un rischio unico è quello di shari' una conformità, un fattore che regola anche la commerciabilità del sukuk .

In effetti, è il potenziale di commerciabilità che determina principalmente la popolarità di sukuk alijara . Ijara , sebbene meno comunemente impiegato di murabaha come attività nei bilanci delle banche islamiche, offre una flessibilità molto maggiore per il mercato obbligazionario islamico. Ciascun titolo chiamato sukuk- alijara rappresenta una proprietà proporzionale di beni fisici rispetto a una quota proporzionale di crediti finanziari o debiti nel caso di sukuk-al- murabaha . Mentre il debito può essere trasferito solo alla pari, la proprietà dei beni materiali può sempre essere trasferita a un prezzo negoziato di comune accordo. Quindi i sukuk- alijara consentono la creazione di un mercato secondario poiché rappresentano una quota nella proprietà di un bene fisico.

Il settore dei sukuk è emerso negli ultimi anni come un elemento sempre più importante nel panorama della finanza islamica. Il mercato ha suscitato un crescente interesse da parte di soggetti sovrani, istituzioni multilaterali e società multinazionali e nazionali. Il settore ha svolto un ruolo importante nel finanziamento delle infrastrutture ed è stato utilizzato per progetti sia pubblici che privati.

Il valore eccezionale dei sukuk è cresciuto notevolmente negli ultimi anni, raggiungendo i 426 miliardi di dollari alla fine del 2017. La domanda è generalmente superiore all'offerta, portando a sottoscrizioni eccessive sulla maggior parte delle emissioni e rendimenti inferiori. Secondo i dati di S&P Ratings, le emissioni globali di sukuk sono cresciute del 37,7% nel primo trimestre del 2017 rispetto al primo trimestre del 2016, principalmente a causa della forte crescita delle emissioni di sukuk nel GCC.

Il mercato dei sukuk è cresciuto in termini di standardizzazione e introduzione di durate più lunghe e nuove strutture. Altri fattori che contribuiscono allo sviluppo di questo settore includono: la crescente familiarità degli investitori globali con gli strumenti sukuk; aumentare la liquidità degli investimenti islamici alla ricerca di sukuk; e la crescente domanda al dettaglio e aziendale di servizi di finanza islamica.

Sebbene il mercato dei sukuk sia cresciuto ogni anno e sia aumentato in media del 10,6% annuo tra il 2012 e il 2017, il mercato è ancora relativamente piccolo. I principali emittenti di sukuk sono le imprese (che rappresentano circa il 64,4% del totale delle masse gestite) e le sovrane (30,6%); sovranazionali (2,9%) e entità governative (2,1%) rappresentano il resto.28 La crescita delle emissioni negli ultimi anni è stata trainata dai mercati chiave della Malesia, dell'Arabia Saudita e degli Emirati Arabi Uniti, nonché da mercati emergenti come la Turchia e l'Indonesia. Una gamma crescente di aziende sta cogliendo l'opportunità di cercare liquidità a basso costo e diversificare le proprie soluzioni di finanziamento. Le quotazioni dei Sukuk hanno indicato una maggiore attività transfrontaliera poiché gli emittenti hanno aumentato le quotazioni nelle principali borse valori come quelle europee, vale a dire la LSE, la Borsa irlandese e la Borsa del Lussemburgo.

Infine, l'Islam ha posto una serie di condizioni per garantire che il credito si espanda di pari passo con la crescita del rettore reale. Alcune di queste condizioni sono:

1. Il bene oggetto di vendita o locazione deve essere reale e non immaginario o fittizio;

2. Il venditore deve possedere e possedere i beni oggetto di vendita o locazione;

3. La transazione deve essere una transazione commerciale genuina con la piena intenzione di dare e prendere in consegna; e

4. Il debito non può essere venduto e quindi il rischio di insolvenza ad esso associato deve essere sopportato dallo stesso prestatore.

La prima condizione consentirà di eliminare la maggior parte delle transazioni speculative e di gioco che coinvolgono beni figurativi e che hanno costituito una parte importante delle transazioni in derivati durante l'attuale crisi. La seconda condizione contribuirà a garantire che il venditore (o il locatore) condivida anche una parte del rischio per poter ottenere una quota del rendimento. Una volta che il venditore (finanziario) acquisisce la proprietà e il possesso dei beni in vendita o in locazione, si assume il rischio. Questa condizione porrà un vincolo sulle vendite allo scoperto, eliminando così la possibilità di un forte calo dei prezzi delle attività durante una fase discendente. La Shari'ah , tuttavia, ha fatto un'eccezione a questa regola nel caso di salam e istisna dove le merci non sono già disponibili sul mercato e devono essere prodotte o fabbricate prima della consegna. Ciò contribuirà a garantire che il finanziamento si espanda di pari passo con l'ascesa dell'economia reale e contribuirà quindi a frenare l'eccessiva espansione del credito.

La terza e la quarta condizione non solo contribuiranno a eliminare una grande quantità di transazioni speculative e su derivati in cui non vi è alcuna intenzione di dare o ricevere consegne, ma motiveranno anche il creditore a essere più cauto nella valutazione del rischio di credito. Ciò eviterà un'inutile esplosione del volume e del valore delle transazioni e contribuirà anche a mantenere l'aumento del debito in linea con l'ascesa dell'economia reale. Rilascerà anche un volume maggiore di risorse finanziarie per il settore reale e, quindi, contribuirà ad espandere le opportunità di lavoro autonomo e di lavoro e la produzione di beni e servizi che soddisfano i bisogni.

La disciplina che l'Islam vuole introdurre nel sistema finanziario potrebbe non concretizzarsi a meno che i governi non riducano i loro prestiti dalla banca centrale a un livello che sia in armonia con l'obiettivo della stabilità finanziaria e dei prezzi. Anche il prestito dal settore privato dovrebbe essere principalmente per lo sviluppo che aumenterà la sua capacità di rimborso. Il prestito per far fronte alla spesa corrente deve essere evitato tranne in circostanze estreme. Questo perché il prestito non elimina il bisogno ultimo di sacrificio.

Senza questa consapevolezza del bisogno ultimo di sacrificio, è molto probabile che il bisogno di prendere in prestito diventi dipendente dal percorso. A queste condizioni possono essere sollevate numerose obiezioni. Uno di questi è che la copertura è una vera esigenza dell'economia e le restrizioni sopra specificate possono contrastarla. La vera copertura o assicurazione intrapresa da una persona o da un'azienda per fornire protezione contro le perdite effettivamente subite è stata riconosciuta dai giuristi musulmani. Tuttavia, ciò che è proibito è la "copertura" che non è correlata a una transazione reale ed è piuttosto di natura speculativa e di gioco d'azzardo. Una seconda obiezione potrebbe essere che tutte queste condizioni tenderanno a ridurre le dimensioni dell'economia riducendo il numero e il volume delle transazioni in derivati. Non c'è dubbio che il numero di transazioni sarà ridotto. Tuttavia, saranno principalmente quelle transazioni di natura speculativa e di gioco d'azzardo e generalmente riconosciute come giochi a somma zero. Questi raramente hanno contribuito in modo significativo alla produzione reale totale. Il tasso annuo composto di crescita del totale dei derivati in circolazione tra il 2000 e il 2007 è stato del 29,9% annuo, mentre quello della produzione totale nel mondo reale è stato solo del 3,1% annuo. Pertanto, è improbabile che un calo delle transazioni speculative e di gioco d'azzardo danneggi in modo significativo l'economia reale. Mentre una restrizione su tali transazioni ridurrà le commissioni guadagnate dagli speculatori durante un boom generato artificialmente, li aiuterà a evitare perdite e fallimenti che diventano inevitabili durante il declino e portano a una crisi finanziaria.

Nel prossimo decennio, i sukuk rimarranno probabilmente un segmento in crescita dell'industria della finanza islamica. Alcuni dei fattori che potrebbero contribuire a ciò includono una crescita economica globale sostenuta, ulteriori spese per le infrastrutture e l'attrattiva delle destinazioni transfrontaliere per la raccolta di fondi. Sukuk può aiutare a colmare il divario di finanziamento globale per le infrastrutture e una quota crescente di emissioni è stata in questo settore. Si prevede che la regione GCC e in particolare Dubai offriranno opportunità di investimento in progetti sostanziali, in cui il mercato dei sukuk svolge un ruolo importante nel garantire questi fondi. Tuttavia, nei prossimi anni saranno necessari più strumenti e i prodotti esistenti dovranno essere perfezionati poiché alcune strutture sukuk sono ancora in fase di sviluppo.

Sukuk verde

Un green bond è un titolo finanziario a reddito fisso venduto con la promessa di devolvere i fondi raccolti a progetti benefici per l'ambiente. Secondo i Green Bond Principles stabiliti dall'International Capital Markets Association, i green bond sono "qualsiasi tipo di strumento obbligazionario i cui proventi saranno utilizzati esclusivamente per finanziare o rifinanziare progetti verdi".

I green bond sono stati inizialmente progettati da grandi organizzazioni sovranazionali come la Banca mondiale e la Banca europea per gli investimenti (BEI). La BEI ha emesso i primi Climate Awareness Bond nel 2007. I proventi dei green bond sono utilizzati per finanziare un'ampia gamma di attività tra cui energie rinnovabili, efficienza energetica, gestione sostenibile dei rifiuti, uso sostenibile del territorio, conservazione della biodiversità, adattamento ai cambiamenti climatici e trasporti puliti.

I paesi in via di sviluppo hanno spesso un accesso limitato al capitale da investire in infrastrutture sostenibili. I green bond sono stati identificati come una potenziale fonte di finanziamenti per il clima per città, comuni e progetti infrastrutturali a basse emissioni di carbonio in molti settori e un'opportunità per il settore privato di aiutare ad affrontare le priorità di sviluppo globale come gli obiettivi di sviluppo sostenibile delle Nazioni Unite.

Un sukuk è un'obbligazione senza interessi che genera rendimenti per gli investitori senza violare i principi della Sharia. Ci sono punti in comune tra sukuk e obbligazioni verdi che possono essere facilmente incanalate per sviluppare i mercati dei capitali islamici e massimizzare il finanziamento del settore privato per progetti ambientali:

1. Entrambi raccolgono fondi per uno scopo specifico. La struttura basata sulle attività di un sukuk fornisce agli investitori un alto grado di certezza che i fondi raccolti vengono utilizzati solo per lo scopo designato; nel frattempo, un emittente di green bond si impegna a utilizzare i fondi raccolti per specifici progetti ecologici.

2. I valori di entrambi sono profondamente radicati in principi etici e socialmente responsabili.

Le attività finanziate da sukuk escludono investimenti in gioco d'azzardo, armi, carne di maiale e alcol.

3. La nozione di gestione ambientale, la protezione dell'aria, dell'acqua e del suolo e degli ecosistemi che da essi dipendono sono intrinseche ai principi della Sharia.

I Green Sukuk sono veicoli di investimento conformi alla Sharia che finanziano progetti rispettosi dell'ambiente come parchi solari, impianti di biogas e parchi eolici. L'obiettivo principale alla base dello sviluppo del sukuk verde è finanziare iniziative rispettose dell'ambiente in modo conforme alla Sharia. Per gli investitori conformi alla Sharia, in particolare nel sud-est asiatico e nella regione del Consiglio di cooperazione del Golfo, i sukuk verdi rappresentano un investimento ideale a beneficio dell'ambiente.

B. banca islamica

Le banche islamiche stanno crescendo più rapidamente delle loro controparti convenzionali nella maggior parte dei principali mercati. Le banche che offrono servizi di finanza islamica cercano sempre più di rafforzare le loro posizioni nelle regioni in più rapida crescita del Medio Oriente, dell'Asia e dell'Africa. Offrire prodotti competitivi in termini di prezzo e servizio potrebbe aiutare a generare affari non solo da musulmani con una preferenza per i servizi conformi alla Sharia, ma anche da musulmani e altri clienti che attualmente utilizzano servizi bancari convenzionali.

Le caratteristiche specifiche dell'attività bancaria islamica sono state affrontate da organismi specializzati nella definizione degli standard islamici. Il settore ha due principali standard setter: l'Organizzazione per la contabilità e la revisione contabile delle istituzioni finanziarie islamiche, istituita nel 1991, per gli standard contabili e di revisione della Sharia, e l'Islamic Financial Services Board, istituito nel 2002, per gli standard di regolamentazione e vigilanza. Queste istituzioni hanno sviluppato un'ampia gamma di standard tecnici e note di orientamento. Tuttavia, l'applicazione di questi standard non è uniforme tra i paesi.

L'International Islamic Financial Market (IIFM) è l'organizzazione internazionale dei mercati della finanza islamica fondata nel 2002. L'obiettivo principale dell'IIFM risiede nel progresso e nell'unificazione di documenti, strutture, contratti, strumenti, infrastrutture e raccomandazioni della finanza islamica per la valorizzazione del capitale islamico e Mercato monetario (ICMA).

IIFM ha sviluppato gruppi di lavoro e iniziative con una serie di associazioni globali del mercato dei capitali, tra cui l'International Swaps and Derivatives Association (ISDA) e l'ICMA.

L'emergere del sistema bancario islamico negli ultimi anni è una delle tendenze più importanti nel settore economico e, con la stima di 1,6 miliardi di musulmani in tutto il mondo, è maturo per il potenziale di crescita.

C'è sempre stata una domanda tra i musulmani per prodotti e servizi finanziari conformi alla Shari'ah (legge islamica). Lo sviluppo di valide alternative alla finanza convenzionale consente sempre più ai musulmani di partecipare al mondo finanziario senza violare i loro principi islamici e senza sopportare la pena economica che deriva dalla mancata partecipazione, in particolare con la recente crescita dei prezzi del petrolio.

Le attività bancarie islamiche globali ammontavano a 1,7 trilioni di dollari alla fine del 2017, con un aumento del 2,7% su base annua. Thomson Reuters prevede che il tasso di crescita medio annuo delle attività bancarie islamiche sarà di circa il 7% nel periodo 2018-23, rispetto a una media annua del 6,1% nel periodo 2012-17. C'erano 505 banche islamiche, che includevano 207 sportelli bancari islamici nel 2017.

Nonostante la costante crescita degli ultimi anni, il sistema bancario islamico rappresenta ancora solo il 6% delle attività bancarie globali.22 Tuttavia, l'esistenza di popolazioni musulmane prive di accesso alla finanza islamica, nonché la mancanza di coinvolgimento in alcuni settori notevole potenziale di crescita.

Le banche commerciali rappresentano la maggior parte delle attività, mentre le banche di investimento costituiscono la maggior parte del resto. Le attività del settore rimangono fortemente concentrate nel Medio Oriente e in alcuni selezionati paesi asiatici. Si prevede che i tassi di crescita rimarranno relativamente elevati, poiché il settore bancario islamico si espande nei principali mercati come Arabia Saudita, Kuwait, Qatar, Malesia ed Emirati Arabi Uniti. Alla fine del 2017, l'Iran rappresentava il 28% delle attività bancarie islamiche globali con l'Arabia Saudita (22%) e la Malesia (12%) al secondo e terzo posto.

capitolo 4
Sbloccare il potenziale della finanza islamica per le piccole imprese

Le piccole e medie imprese (PMI) svolgono un ruolo importante nella maggior parte delle economie, in particolare nei paesi in via di sviluppo. Le PMI formali contribuiscono fino al 45% dell'occupazione totale e fino al 33% del reddito nazionale (PIL) nelle economie emergenti. Questi numeri sono significativamente più alti se si includono le PMI informali. Secondo le stime, nei prossimi 15 anni saranno necessari 600 milioni di posti di lavoro per assorbire la crescente forza lavoro globale, principalmente in Asia e nell'Africa sub-sahariana. Nei mercati emergenti, la maggior parte dei posti di lavoro formali sono presso le PMI, che creano anche 4 nuove posizioni su 5. Tuttavia, l'accesso ai finanziamenti è un vincolo fondamentale per la crescita delle PMI; senza di essa, molte PMI languiscono e ristagnano.

Nonostante il fatto che le PMI rappresentino una parte significativa dell'economia del paese e forniscano opportunità di lavoro per la maggior parte delle persone. Le PMI hanno meno probabilità di ottenere prestiti bancari rispetto alle grandi imprese; invece, fanno affidamento su fondi interni o "personali" per avviare e gestire inizialmente le loro imprese.

Il 50% delle PMI formali non ha accesso al credito formale. Il divario di finanziamento è ancora maggiore se si tiene conto delle microimprese e delle imprese informali. Complessivamente, circa il 70% di tutte le MPMI nei mercati emergenti non ha accesso al credito. Sebbene il divario vari considerevolmente tra le regioni, è particolarmente ampio in Africa e in Asia. L'attuale divario di credito per le PMI formali è stimato a 1,2 trilioni di dollari USA; il gap creditizio totale per le PMI formali e informali raggiunge i 2,6 trilioni di dollari.

Uno studio del gruppo della Banca mondiale suggerisce che ci sono tra 365 e 445 milioni di micro, piccole e medie imprese (PMI) nei mercati emergenti: 25-30 milioni sono PMI formali; 55-70 milioni sono microimprese formali; e 285-345 milioni sono imprese informali. Spostare le PMI informali nel settore formale può avere notevoli vantaggi per le PMI (ad esempio, un migliore accesso al credito e ai servizi governativi) e per l'economia in generale (ad esempio, maggiori entrate fiscali, migliore regolamentazione). Inoltre, migliorare l'accesso delle PMI ai finanziamenti e trovare soluzioni per sbloccare fonti di capitale è fondamentale per consentire a questo settore potenzialmente dinamico di crescere e fornire i posti di lavoro necessari.

Tuttavia, le PMI citano costantemente la mancanza di accesso ai finanziamenti come un grave vincolo. Spesso le banche percepiscono i costi ei rischi legati al servizio alle PMI come troppo elevati. A causa delle asimmetrie informative e dei costi elevati per raccogliere informazioni adeguate per valutare l'affidabilità creditizia dei mutuatari tipici delle PMI, le banche sono generalmente riluttanti a concedere loro credito non garantito, anche a tassi di interesse elevati. Di conseguenza, molte PMI con progetti economicamente sostenibili, ma con garanzie inadeguate, non possono ottenere i finanziamenti più necessari dai finanziatori tradizionali. L'International Finance Corporation (IFC) riferisce che le principali banche al servizio delle PMI nei paesi non OCSE raggiungono solo il 20% delle microimprese e delle PMI formali e solo il 5% nell'Africa subsahariana. Sottolineando l'entità dei problemi di accesso ai finanziamenti, l'Asian Development Bank (ADB) stima che esista un divario globale di 1,9 trilioni di dollari USA tra l'offerta e la necessità dei soli finanziamenti al commercio. Questo divario si allarga soprattutto nella "fascia bassa del mercato", dove si stima che quasi la metà delle richieste di finanziamento al commercio da parte delle PMI venga respinta, rispetto a solo il 7% delle multinazionali.

Secondo le stime della Banca mondiale, circa il 70% di tutte le MPMI nei mercati emergenti non ha accesso al credito. Sebbene il divario vari considerevolmente tra le regioni, è particolarmente ampio in Africa e in Asia.

L'attuale divario di credito per le PMI formali è stimato a 1,2 trilioni di dollari USA; il gap creditizio totale per le PMI formali e informali raggiunge i 2,6 trilioni di dollari.

La mancanza di finanziamenti è uno dei vincoli più importanti cui devono far fronte le PMI. Anche le barriere commerciali e amministrative, la mancanza di un sistema contabile integrato, la carenza di manodopera qualificata, i vincoli istituzionali e la legislazione governativa sono limiti che devono affrontare le PMI. (Mumani , 2014)

Gli alti tassi di interesse e la mancanza di garanzie adeguate sono i principali ostacoli per le PMI, dove le banche di solito finanziano grandi imprese e preferiscono occuparsene a causa del basso grado di rischio e della capacità di queste imprese di fornire le garanzie richieste.

Secondo diversi studi di ricerca nell'ultimo decennio ci sono maggiori opportunità di sviluppo e crescita del sistema finanziario islamico perché la comunità musulmana è desiderosa di prendere prodotti finanziari ed è disposta a trascorrere la propria vita secondo la propria religione. Islamic Finance è una soluzione promettente per le PMI per soddisfare i requisiti del finanziamento formale. E può rivelarsi particolarmente efficace per facilitare l'accesso ai finanziamenti per le PMI.

La finanza islamica ha alcune caratteristiche che le danno il potenziale per sostenere efficacemente il finanziamento delle PMI, la crescita economica e lo sviluppo.

Secondo un rapporto del 2014 dell'International Finance Corporation (IFC) della Banca mondiale, vi è un deficit di circa 13,2 miliardi di dollari nella finanza islamica in nove paesi islamici esaminati. Il rapporto IFC rileva che, nonostante la crescente domanda di finanziamenti islamici tra le PMI, solo il 36% delle banche della regione MENA offre prodotti per le PMI e solo il 17% di queste offre opzioni islamiche.

Ciò ha un effetto dissuasivo sul finanziamento delle PMI, in particolare in quei paesi in cui le PMI locali non prendono in considerazione la finanza non islamica. In Arabia Saudita, ad esempio, i dati IFC indicano che fino al 90% delle PMI cerca solo servizi bancari conformi alla Shari'ah . Quando la rete viene ampliata per includere Iraq, Pakistan, Yemen, Arabia Saudita, Giordania, Tunisia, Marocco, Libano ed Egitto, circa il 35% delle PMI viene dissuaso dall'indebitarsi a causa della mancanza di opzioni bancarie islamiche.

Questa è una lacuna che le offerte di finanza islamica possono colmare. Islamic Finance aiuta a promuovere lo sviluppo del settore finanziario e amplia l'inclusione finanziaria. Ampliando la gamma e la portata dei prodotti finanziari, Islamic Finance potrebbe contribuire a migliorare l'accesso finanziario e promuovere l'inclusione di coloro che sono privi di servizi finanziari.

I prestiti bancari alle PMI sembrano essere fatti su misura per le pratiche bancarie islamiche basate sul prestito relazionale rispetto ad altre forme più convenzionali di finanziamento del debito. Un vantaggio competitivo chiave di questo approccio è un puro vantaggio di costo determinato dalla riduzione dei costi di monitoraggio.

Tuttavia, la natura del contratto può anche fornire opportunità di maggiore crescita e un ulteriore vantaggio qualitativo basato sulla detenzione di garanzie, maggiore esperienza manageriale e minori asimmetrie informative. Il sistema bancario islamico e l'uso di prodotti finanziari islamici sono aumentati in modo significativo negli ultimi anni. Un puro vantaggio di costo dovrebbe fornire alle banche islamiche un punto d'appoggio nel mercato dei prestiti alle PMI. Un ulteriore vantaggio di qualità significa che questo vantaggio può essere più intenso, nel senso che la quota di mercato delle banche islamiche potrebbe aumentare notevolmente in linea di principio conquistando l'intero mercato

La finanza islamica enfatizza il finanziamento in stile partenariato, che potrebbe essere utile per migliorare l'accesso ai finanziamenti per i poveri e le piccole imprese. Potrebbe anche aiutare a migliorare la finanza agricola, contribuendo a migliorare la sicurezza alimentare. In questo senso, la finanza islamica può aiutare a soddisfare le esigenze di coloro che attualmente non utilizzano la finanza convenzionale per motivi religiosi. Degli 1,6 miliardi di musulmani nel mondo, solo il 14% utilizza le banche. Può aiutare a ridurre il divario generale nell'accesso ai finanziamenti, poiché ai non musulmani non è vietato utilizzare i servizi finanziari islamici.

Tuttavia, il sistema finanziario islamico, che opera a fianco del settore convenzionale, è anch'esso esposto sostanzialmente agli stessi fattori di rischio sistemico e volatilità della sua controparte convenzionale, nonostante il suo sostenuto slancio di crescita. Le varie sezioni di questo capitolo analizzano ulteriormente lo slancio di crescita e i cambiamenti strutturali del settore della finanza islamica, valutando al contempo gli aspetti di stabilità finanziaria alla luce delle condizioni macroeconomiche e finanziarie globali in evoluzione.

L'industria della finanza islamica si è espansa rapidamente nell'ultimo decennio, con tassi di crescita annui superiori al 15%. In molti paesi a maggioranza musulmana, le attività bancarie islamiche sono cresciute più rapidamente delle attività bancarie convenzionali.

I principi alla base di Islamic Finance per promuovere la partecipazione, l'equità, i diritti di proprietà e l'etica sono tutti "valori universali".

Eppure, nonostante questi importanti vantaggi e il chiaro potenziale, c'è ancora molta strada da fare per realizzare il massimo potenziale della finanza islamica. Oggi rappresenta meno dell'1% delle attività finanziarie globali ed è ancora molto concentrato in pochi mercati. Quindi, c'è chiaramente spazio per crescere, soprattutto considerando che le caratteristiche dei prodotti islamici possono attrarre un gruppo molto più ampio.

In accordo con questi principi, Islamic Finance ha sviluppato specifici prodotti di finanziamento.

In primo luogo, due prodotti di finanziamento fondamentali sono contratti di partnership tra il prestatore e il mutuatario basati sul principio della condivisione di profitti e perdite: Musharaka e Mudaraba . Un contratto Mudaraba si basa sul fatto che il prestatore fornisce il capitale e il mutuatario fornisce lo sforzo e il know-how. I profitti sono condivisi tra le due parti, mentre le perdite sono a carico esclusivo del prestatore. In base a un contratto Musharaka , i profitti e le perdite sono condivisi tra il prestatore e il mutuatario perché tutte le parti hanno versato contributi in conto capitale.

secondo luogo, murabaha è una vendita con maggiorazione basata sul fatto che il prestatore acquista un bene e lo vende al cliente in cambio di un prezzo che include il costo originale e un margine specificato. Va sottolineato che il prezzo può essere pagato in più rate, il che rende murabaha abbastanza simile a un prestito con interessi dal punto di vista del mutuatario. Vi sono tuttavia differenze tra le due forme di finanziamento. Da un lato non c'è interesse nel senso che il rendimento si applichi alla vendita di un bene e non alla vendita di denaro. È invece vietato addebitare una penale per inadempienza.

In terzo luogo, ijara rispecchia il contratto di leasing convenzionale nella finanza islamica. Il creditore acquista un bene e lo affitta al cliente per un determinato periodo e un determinato canone. Quindi la banca non guadagna denaro dal denaro in conformità con la legge islamica poiché converte il denaro in beni tangibili per effettuare la transazione.

mentre la finanza islamica non è nuova ed è stata praticata per secoli in tutto il mondo, negli ultimi tempi ha guadagnato popolarità. Le attività totali della finanza islamica sono stimate a circa 2 trilioni di dollari, praticamente un aumento di dieci volte rispetto a un decennio fa, e in molti luoghi superano la crescita della finanza convenzionale. È facile vedere il fascino della finanza islamica. Eccone solo due:

In primo luogo, inclusività: la finanza islamica ha il potenziale per contribuire a una crescita economica più elevata e più inclusiva aumentando l'accesso ai servizi bancari alle popolazioni svantaggiate. Fino ad oggi, un ampio segmento della popolazione musulmana - che è un mercato primario, ma non l'unico, per la finanza islamica in tutto il mondo - rimane finanziariamente sottoservizio, con solo un quarto degli adulti che ha accesso ai conti bancari.

Inoltre, le caratteristiche di condivisione del rischio di Islamic Finance e il forte legame del credito con le garanzie significano che è adatto per le piccole e medie imprese (PMI) e il finanziamento di start-up, che sappiamo può promuovere una crescita inclusiva. Per lo stesso motivo, la finanza islamica ha mostrato il suo valore negli investimenti infrastrutturali, che possono innescare guadagni di produttività e catalizzare una crescita ad alto valore aggiunto.

In secondo luogo, stabilità: la finanza islamica ha, in linea di principio, il potenziale per promuovere la stabilità finanziaria perché la sua caratteristica di condivisione del rischio riduce la leva finanziaria e il suo finanziamento è garantito da attività e quindi pienamente garantito. Inoltre, oltre ai depositi, le banche islamiche offrono conti con partecipazione agli utili e perdite che possono aiutare a mitigare le perdite e il contagio in caso di difficoltà del settore bancario. Ciò porta, de facto, a un capitale totale di assorbimento delle perdite più elevato, uno degli obiettivi chiave della nuova riforma della regolamentazione globale.

Poiché le PMI sono importanti per l'economia, le banche islamiche e le istituzioni finanziarie islamiche devono svolgere un ruolo significativo nel finanziamento di queste imprese. Il sostegno alle PMI è uno degli obiettivi delle istituzioni religiose, quindi l'obiettivo più importante delle banche islamiche e delle istituzioni finanziarie islamiche è quello di contribuire allo sviluppo economico e sociale della società. Questo studio si propone di analizzare l'adeguatezza del sistema finanziario islamico per il finanziamento delle PMI.

Dai più piccoli villaggi rurali del Bangladesh ai grandi e vivaci centri metropolitani del Cairo o di Istanbul, le piccole e medie imprese (PMI) sono la linfa vitale delle comunità islamiche di tutto il mondo, mantenendo in funzione le economie locali.

Ma anche se le PMI svolgono un ruolo così importante nell'economia globale, storicamente hanno lottato per ottenere un accesso affidabile al capitale. Il database IFC Enterprise Finance Gap ci dice che tra il 55% e il 68% delle PMI nei paesi in via di sviluppo sono finanziariamente poco servite o non servite affatto.

Questi numeri elevati si traducono in significative opportunità perse per sviluppare attività redditizie. Anche nei paesi del G20, si stima che le PMI debbano affrontare un deficit finanziario di 1,3 trilioni di dollari.

Secondo il rapporto ISFB, la maggior parte delle giurisdizioni bancarie islamiche campione sono caratterizzate come mercati in cui le imprese normalmente si affidano al settore bancario per soddisfare le proprie esigenze di finanziamento, in particolare nelle regioni dell'Asia meridionale e del Medio Oriente, dove i mercati delle obbligazioni societarie sono relativamente sottosviluppati e hanno ha iniziato ad espandersi solo negli ultimi anni.

Di conseguenza, l'esposizione al finanziamento delle imprese del settore bancario islamico campione è generalmente concentrata nelle imprese del settore privato e può includere il finanziamento delle loro esigenze di capitale circolante, il finanziamento di progetti e il finanziamento di capitali. Tra i principali mercati bancari islamici con una maggiore concentrazione di finanziamenti nel settore privato ci sono Giordania (48%), Bahrain (63%), Kuwait (65%), Pakistan (69%), Bangladesh (78%) e Turchia (78%) . Questi mercati ospitano anche un gran numero di piccole e medie imprese che si affidano ai canali di finanziamento bancario per le loro esigenze di finanziamento, dal momento che attingere ai mercati obbligazionari non è fattibile per le PMI a causa dei costi più elevati e dei lunghi processi coinvolti nell'emissione di strumenti di debito.

Sebbene non siano disponibili dati sufficienti per distinguere tra l'esposizione delle banche islamiche campione nei confronti di grandi società e PMI, la concentrazione del rischio nel settore privato potrebbe creare vulnerabilità nel settore bancario islamico qualora la recessione macroeconomica generale peggiorasse nell'economia globale, portando a una crescita più debole nei mercati emergenti. (Comitato per i servizi finanziari islamici, maggio 2015)

Le ragioni per cui le banche e gli intermediari finanziari hanno fallito e potrebbero continuare a fallire nella determinazione del prezzo dei rischi e quindi nel prestito ottimale alle imprese, ei possibili rimedi normativi a questo, è una questione che richiede certamente ulteriori indagini.

Questo contributo cercherà di dare spunti e spunti in merito, e di presentare alcuni degli strumenti finanziari islamici che vengono forniti dal mercato per il finanziamento delle PMI in particolare.

Capire le PMI

L'influenza delle piccole e medie imprese (PMI) sulla struttura, le prestazioni e le prospettive future dell'economia di una nazione è oggetto di crescente interesse tra i responsabili politici a livello nazionale, regionale e globale. Ciò riflette il fatto che nella maggior parte dei paesi le PMI costituiscono la stragrande maggioranza delle imprese e sono le principali fonti di occupazione. Aggiungete a questa evidenza che le PMI, e in particolare le piccole imprese giovani, hanno contribuito nettamente alla crescita dell'occupazione sin dalla crisi finanziaria del 2008, e la logica alla base della maggiore attenzione alle prestazioni delle PMI diventa chiara. (International Trade Center (ITC), 2015)

Le piccole e medie imprese contribuiscono positivamente a fornire e mantenere uno sviluppo economico e sociale equilibrato. Svolgono inoltre un ruolo importante nella diminuzione del livello di disoccupazione e nella creazione di nuove opportunità di lavoro e con la loro struttura produttiva flessibile possono seguire più efficacemente i cambiamenti delle condizioni di mercato. Le PMI danno un contributo fondamentale alla creazione di posti di lavoro e alla generazione di reddito; rappresentano i due terzi di tutti i posti di lavoro nel mondo.

Le PMI costituiscono la maggioranza delle imprese nel mondo e sono responsabili di gran parte della sua occupazione. Secondo alcune stime, le PMI costituiscono fino al 95% delle imprese mondiali e tra l'80 e il 90% dell'occupazione totale nei paesi in via di sviluppo. Tuttavia, non tutto ciò che l'occupazione avviene all'interno di istituti formali. Una stima dell'ILO suggerisce: "...ci sono da 420 a 510 milioni di PMI in tutto il mondo, di cui il 9% sono PMI formali (escluse le microimprese) " .

I vincoli alla crescita delle PMI – come percepiti dagli imprenditori – sono un'area relativamente ben studiata. I tre maggiori vincoli tra i paesi sono l'accesso ai finanziamenti, l'accesso all'elettricità e la concorrenza delle imprese informali. Tuttavia, i vincoli variano a seconda del livello di sviluppo dei paesi e delle regioni (International Labour Office, 2015).

Il termine "PMI" comprende un ampio spettro di definizioni. Diverse organizzazioni e paesi stabiliscono le proprie linee guida per la definizione delle PMI, spesso basate sull'organico, sulle vendite o sugli asset. Le PMI sono disponibili in molte forme e dimensioni diverse; tuttavia, nel complesso ambiente aziendale odierno, possono intrattenere stretti rapporti finanziari, operativi o di governance con altre imprese.

Queste relazioni spesso rendono difficile tracciare con precisione il confine tra una PMI e un'impresa più grande.

A- Definizioni di PMI

Il termine "PMI" comprende un'ampia gamma di definizioni, che differiscono a seconda di fattori quali il paese, l'area geografica, il livello di sviluppo e la cultura aziendale. Anche all'interno dei paesi, le definizioni possono variare o essere inesistenti. Inoltre, la definizione stessa è spesso collegata a programmi nazionali di sostegno e ad altri regolamenti, rendendo difficile l'adozione di un'unica definizione. Alla pletora di definizioni nazionali per le PMI si aggiungono quelle create da organizzazioni internazionali e organizzazioni non governative (ONG).

Le esigenze specifiche e l'ambiente dei loro portafogli di progetti spesso guidano tali definizioni. Criteri multipli utilizzati per definire le PMI, come il numero di lavoratori, le dimensioni delle risorse, le vendite annuali o la produzione annuale e così via. Ciò riflette probabilmente la distribuzione dimensionale delle imprese nelle regioni in cui operano questi ultimi enti, e quindi il livello di sviluppo economico.

Secondo (Abdelhamid & El Mahdi, 2003; Elasrag , 2010), tre principali parametri quantitativi sono comunemente usati nelle definizioni delle PMI. Oltre a questi parametri quantitativi, alcuni paesi hanno aggiunto criteri qualitativi nelle loro definizioni del settore M/PMI. È importante coprire sia gli aspetti quantitativi che quelli qualitativi.

Le PMI sono il motore dell'economia europea. Stimolano la creazione di posti di lavoro e la crescita economica e garantiscono la stabilità sociale. Nel 2013, oltre 21 milioni di PMI hanno fornito 88,8 milioni di posti di lavoro in tutta l'UE. Nove imprese su dieci sono PMI e le PMI generano due posti di lavoro su tre. Le PMI stimolano anche lo spirito imprenditoriale e l'innovazione in tutta l'UE e sono quindi fondamentali per promuovere la competitività e l'occupazione.

Distribuzione PMI in varie parti del mondo

Nell'Unione Europea (UE), le PMI costituiscono il 99,8% di tutte le imprese, il 66,9% dell'occupazione e il 58,1% del valore aggiunto. Ciò si traduce in 88,8 milioni di posti di lavoro e oltre 3,6 trilioni di euro di valore aggiunto, con le PMI esportatrici che contribuiscono al 34% delle esportazioni totali dell'UE, ovvero 1,54 trilioni di euro. (Cernat , López , & T- Figueras , 2014; International Trade Center (ITC), 2015)

Negli Stati Uniti d'America, le PMI rappresentano il 99% di tutte le imprese, impiegano il 50% della forza lavoro del settore privato, rappresentano oltre la metà del prodotto interno lordo (PIL) non agricolo e rappresentano il 34% delle entrate totali delle esportazioni.

I dati relativi a 10 paesi del sud-est asiatico mostrano che, in media, le PMI rappresentano il 98% di tutte le imprese e impiegano il 66% della forza lavoro . Queste PMI contribuiscono per circa il 38% del PIL e per circa il 30% del valore totale delle esportazioni.

In Cina, il più grande esportatore mondiale, le PMI rappresentano il 41,5% del totale delle esportazioni in valore, sottolineando chiaramente la loro importanza per l'economia cinese.

Nei paesi del Consiglio di cooperazione del Golfo (GCC), si stima che le PMI rappresentino il 22% del PIL, una quota relativamente bassa rispetto ad altre parti del mondo. Questa tendenza si estende all'occupazione, con le PMI che rappresentano solo il 40% circa dell'occupazione.

Nella regione dell'America latina e dei Caraibi (ALC), le PMI rappresentano il 99% delle imprese e il 67% dell'occupazione. Tuttavia, il loro contributo al PIL è relativamente basso. Questo perché nei paesi ALC le grandi imprese sono sei volte più produttive delle PMI, rispetto a 2,4 volte nei paesi appartenenti all'Organizzazione per la cooperazione e lo sviluppo economico (OCSE). Se le PMI dei paesi ALC dovessero restringere questa differenza di produttività ai livelli riscontrati nel mondo sviluppato, potrebbero ottenere enormi guadagni economici. Sebbene siano disponibili poche statistiche panafricane sulle PMI, è noto che le PMI in Africa dominano i mezzi di produzione in misura maggiore che in altre regioni. Ad esempio, in Ghana, le PMI rappresentano il 92% delle imprese ghanesi e contribuiscono per circa il 70% al PIL. (Centro commerciale internazionale (ITC), 2015).

B- PMI e accesso ai finanziamenti

Sebbene le PMI abbiano questo livello di importanza socioeconomica, la loro rilevanza e il loro impatto non sono proporzionalmente soddisfatti con meccanismi e canali di sostegno che faciliterebbero la crescita delle PMI esistenti, nonché la creazione di nuove, e che aumenterebbero la loro dimensione economica e sociale anche ulteriore. Le PMI di tutto il mondo, specialmente nei paesi in via di sviluppo, stanno affrontando sfide che sono, in larga misura, di natura simile e includono un accesso limitato ai finanziamenti, costi di transazione elevati, mancanza di risorse umane qualificate, ambienti legali e normativi sfavorevoli, accesso limitato alla tecnologia e un accesso inadeguato ai mercati. La principale sfida per le PMI, tuttavia, è l'accesso ai finanziamenti.

Secondo l'IFC Finance Gap Database, il deficit finanziario totale per le micro, piccole e medie imprese (MPMI) nei paesi in via di sviluppo è stimato a 2,4 trilioni di dollari: di questo totale, esiste un gap di circa 1,3 trilioni di dollari nei paesi del G20 coperti all'interno l'IFC Finance Gap Database).

L'accesso ai finanziamenti è quindi una sfida globale sia per i paesi sviluppati che per quelli in via di sviluppo e deve essere affrontata in modo più approfondito dai responsabili politici, dal settore privato, dai ricercatori e dalle agenzie di sviluppo, soprattutto per quanto riguarda la creazione di prosperità e opportunità. Un'attenzione particolare dovrebbe essere rivolta agli imprenditori, che sono collettivamente in grado, attraverso start-up innovative e ad alta crescita, di contribuire in modo significativo alla crescita economica, alla creazione di posti di lavoro e al benessere dei rispettivi paesi e regioni. Questo enorme divario finanziario pone grandi sfide che devono essere affrontate attraverso offerte di prodotti finanziari innovativi e diversificati, migliorando l'accesso ai finanziamenti per le PMI su scala globale.

Secondo l'OCSE, la crescita dei prestiti alle PMI tra il 2013 e il 2014 è aumentata nella maggior parte dei paesi partecipanti. Anche la quota dei prestiti alle PMI rispetto al totale dei prestiti alle imprese è aumentata considerevolmente nel 2014. Questo sviluppo è stato determinato in gran parte dalle migliori condizioni macroeconomiche e finanziarie nella maggior parte delle economie sviluppate. La tendenza al ribasso dei fallimenti nella maggior parte dei paesi partecipanti sottolinea ulteriormente i recenti miglioramenti nel contesto generale per le PMI. Anche le condizioni del credito si sono allentate, mentre negli ultimi anni i tassi di interesse sono diminuiti bruscamente in quasi tutti i paesi partecipanti.

Tuttavia, l'accesso delle PMI al credito bancario rimarrà un problema negli anni a venire. Nonostante i recenti miglioramenti, l'accesso ai finanziamenti rimane problematico in molte economie e molte PMI continuano a subire restrizioni creditizie. Sebbene le condizioni del credito siano generalmente migliorate, rimangono in media restrittive. Inoltre, molti istituti finanziari continuano a ridurre l'indebitamento e, a causa dei requisiti normativi più severi, ciò avrà probabilmente un impatto sproporzionato sulle piccole imprese. Le condizioni di credito sono generalmente allentate nel 2014, ma rimangono complessivamente difficili per molte PMI. Grazie a una politica monetaria accomodante nella maggior parte delle regioni del mondo, i tassi di interesse per le PMI sono diminuiti nel 2014, proseguendo così la tendenza al ribasso osservata negli ultimi anni. Le indagini sul lato della domanda suggeriscono un continuo allentamento delle condizioni di credito nella maggior parte dei paesi partecipanti, compreso un calo dei tassi di rifiuto dei prestiti. Anche i tassi di interesse sono diminuiti significativamente tra il 2012 e il 2014, ad esempio del 40% in Svezia, del 21% in Italia e del 20% in Corea. Allo stesso tempo, persistono ampie differenze tra paesi, con standard di credito che rimangono relativamente rigidi e tassi di interesse relativamente alti nelle economie più colpite dalla crisi finanziaria e del debito sovrano che ne è seguita.

Ciò vale anche per diverse economie emergenti con tassi di inflazione relativamente elevati, come la Colombia o la Federazione Russa, dove i tassi di interesse erano ancora circa quattro volte superiori al valore mediano dei paesi partecipanti.

Tecniche di finanziamento islamico per le PMI

Le PMI di tutto il mondo, soprattutto nei paesi in via di sviluppo, si trovano ad affrontare varie sfide e l'accesso ai finanziamenti formali è uno dei principali ostacoli che devono affrontare. Secondo lo studio dell'IFC, quasi il 45-55% delle PMI formali nei mercati emergenti non ha accesso a prestiti istituzionali formali o a bozze correnti nonostante ne abbia bisogno (Malesia International Islamic Financial Centre, febbraio 2016).

Il divario finanziario è maggiore se si considerano le microimprese e le imprese informali: il 65-72% di tutte le MPMI nei mercati emergenti non ha accesso al credito. Inoltre, circa il 55-68% delle PMI nei paesi in via di sviluppo è finanziariamente poco servito o non è affatto servito, con la conseguente perdita di opportunità di realizzare il proprio pieno potenziale.

L'accesso ai finanziamenti è una sfida globale che deve essere affrontata in modo più approfondito da vari organismi e agenzie correlati. La sfida globale può essere affrontata attraverso offerte di prodotti finanziari innovativi e diversificati. In termini di fonte di finanziamento innovativa e diversificata per le PMI e le MPMI, una possibilità è identificare la forza e il potenziale della finanza partecipativa come la finanza islamica.

Vari strumenti socio-economici a cui la finanza islamica può attingere ulteriormente includono zakat, waqf e qard al - hassan (prestito benevolo) insieme a strumenti finanziari socio-economici progettati per fornire assistenza finanziaria ai poveri come i piccoli e medie imprese (PMI).

La domanda e l'offerta per la finanza islamica e il finanziamento delle PMI islamiche in particolare devono essere analizzate da varie prospettive per contestualizzarle con i fattori legati al sostegno di soluzioni finanziarie innovative che affrontano l'inclusione finanziaria, servendo al contempo una popolazione musulmana in crescita e le loro preferenze sulla Shari'ah .

Shari'ah , ad esempio, rappresentano solo il 7% dei prestiti totali in Egitto, mentre la domanda di prodotti finanziari islamici è di circa il 20%. L'Arabia Saudita ha il più piccolo divario tra domanda (90%) e offerta (67%), a causa del gran numero di banche islamiche in Arabia Saudita. Si stima che circa il 32% delle PMI nella regione MENA sia totalmente escluso dall'accesso ai finanziamenti, principalmente a causa della mancanza di prodotti conformi alla Shari'ah . L'approccio "avverso al rischio" delle banche e in particolare delle banche islamiche ha portato a una gamma ristretta di prodotti offerti alle PMI in questi paesi.

Una quota significativa di PMI cerca esclusivamente prodotti bancari islamici per soddisfare le proprie esigenze di finanziamento e non opterebbe per prodotti bancari convenzionali a causa della mancanza di rispetto della Shari'ah . Il problema della domanda è ulteriormente amplificato se valutato dal lato dell'offerta; la quota media di prestiti alle PMI nei portafogli delle banche MENA è solo del 7,6%, poiché le attività di prestito si concentrano principalmente su grandi clienti aziendali e titoli di stato.

Indipendentemente da come viene etichettata la finanza islamica, basata sui valori fondamentali della promozione dello sviluppo economico attraverso un portafoglio di soluzioni di finanziamento basate su attività e azioni, un chiaro divario finanziario per le PMI può essere affrontato e servito attraverso servizi finanziari bancari e non bancari islamici.

Ostacoli incontrati dalle banche nel finanziamento delle PMI

Secondo lo studio IFC, sono molti gli ostacoli che le banche devono affrontare nel finanziamento delle piccole e medie imprese.

Le PMI non dispongono delle capacità manageriali per gestire le imprese in modo efficace. Ciò porta a una struttura operativa inefficiente, rapporti finanziari deboli e operazioni non redditizie (debito elevato). Inoltre, le PMI operano principalmente nel settore informale. Pertanto, le banche sono riluttanti a concedere prestiti alle PMI e le percepiscono come investimenti rischiosi.

Anche se già evidenziati in diversi studi IFC, vale comunque la pena notare fattori significativi che influenzano l'offerta di finanziamenti al settore delle PMI. I fattori includono problemi specifici delle PMI (mancanza di una struttura aziendale adeguata), nonché problemi affrontati dalle banche nel servire il settore delle PMI (mancanza di capacità di prestare alle PMI). I problemi che limitano l'accesso ai finanziamenti sono unici per ogni paese, ma diversi temi comuni sottolineano questi problemi.

Le agenzie multilaterali dovrebbero, quindi, collaborare con il governo e le parti interessate private per formare le PMI sulla gestione efficiente delle imprese (ad esempio, IFC Business Edge). Ciò aumenterebbe la loro redditività nel lungo periodo e li renderebbe più appetibili per i prestiti bancari.

La maggior parte delle banche non ha la capacità di concedere prestiti al settore delle PMI. Ciò potrebbe includere processi inadeguati, mancanza di prodotti specifici per le PMI (soprattutto prodotti islamici), personale non addestrato e assistenza insufficiente. I notevoli rischi connessi, unitamente agli elevati costi di transazione/assistenza al cliente PMI, dissuadono inoltre le banche dal prendere di mira il settore delle PMI. A causa di queste lacune istituzionali, le banche tendono a concentrarsi su imprese e società emergenti e di medie dimensioni, che sono investimenti più sicuri rispetto alle PMI, e le banche possiedono già le capacità per prestare a queste imprese in modo efficace.

Le istituzioni multilaterali e altre agenzie devono aiutare le banche a migliorare le capacità istituzionali attraverso la formazione del personale e l'introduzione di prodotti specifici per le PMI. Le banche sarebbero quindi in grado di controllare meglio le PMI per i prestiti, aumentando così il flusso di credito verso di loro.

La mancanza di informazioni sulle PMI è un altro problema affrontato dalle banche di tutti i paesi. La mancanza di un ufficio crediti con informazioni adeguate sulle PMI è un ostacolo significativo che impedisce alle banche di concedere loro prestiti. Il problema rappresenta un'importante opportunità per sviluppare una banca dati esaustiva sulle PMI, che colmerebbe le lacune informative e porterebbe a un aumento dell'offerta di finanziamenti per il settore delle PMI.

La finanza islamica , come metodo di finanziamento alternativo ed etico, indirizza i finanziamenti verso attività economiche reali orientate all'impatto; utilizza quindi le risorse economiche e finanziarie per soddisfare i bisogni materiali e sociali di tutti i membri della comunità, comprese le PMI e le start-up innovative.

I fondamenti principali dei prodotti finanziari islamici sono la sua natura di transazione basata sulle attività, insieme alla sua natura basata sulle azioni di condivisione del rischio e dei profitti. Ognuna di queste categorie di finanziamento ha un ruolo fondamentale da svolgere nell'aumentare l'inclusione finanziaria delle PMI e delle start-up innovative, nonché attrarre capitale potenziale da fornitori e fonti di capitale islamico.

Opzioni di finanziamento islamiche per le PMI

I mercati islamici offrono diversi strumenti per soddisfare i fornitori e gli utenti di fondi in vari modi: vendite, finanziamenti commerciali e investimenti. Gli strumenti di base includono il finanziamento del costo maggiorato (Murabaha), la partecipazione agli utili (Mudaraba), il leasing (ijara), la partnership (Musharaka) e la vendita a titolo oneroso (bay'salam), la vendita con pagamento differito (bay'mu'ajjal) e I contratti di vendita con consegna differita (bay'salam), oltre alle vendite spot, vengono utilizzati per condurre vendite a credito. In una vendita con pagamento differito, la consegna del prodotto viene presa sul posto ma la consegna del pagamento è ritardata per un periodo concordato. Il pagamento può essere effettuato in un'unica soluzione oa rate, a condizione che non vi siano costi aggiuntivi per il ritardo. Una vendita con consegna differita è simile a un contratto a termine in cui la consegna del prodotto è in futuro in cambio di pagamento sul mercato spot.

Questi strumenti fungono da elementi costitutivi di base per lo sviluppo di un'ampia gamma di strumenti finanziari più complessi, suggerendo che esiste un grande potenziale per l'innovazione e l'espansione finanziaria nei mercati finanziari islamici.

Sblocca tutto il potenziale della finanza islamica per le PMI

Quali sono gli elementi chiave necessari per sbloccare il pieno potenziale della finanza islamica in modo efficace e prudente? Vedo diverse priorità:

A. Creazione di un ambiente favorevole

La prima priorità è livellare il campo di gioco e creare un ambiente favorevole allo sviluppo della finanza islamica, tenendo conto dei rischi.

Ciò significa adattare le normative finanziarie che tengano conto delle caratteristiche distintive della finanza islamica e non sfavoriscano le banche islamiche. Ad esempio, i requisiti patrimoniali per le banche dovrebbero essere adattati per tenere conto del modello di condivisione del rischio e del profitto di Islamic Finance, che consente agli investitori di sopportare alcune perdite e riduce le ponderazioni del rischio applicate al finanziamento di tipo azionario.

Livellare il campo di gioco significa anche armonizzare il trattamento fiscale dei prodotti della finanza islamica con contratti convenzionali simili. I sistemi di imposta sul reddito in genere riconoscono i guadagni da interessi su strumenti di debito come spese deducibili. Questa distorsione del debito pone Islamic Finance in una situazione di svantaggio competitivo e scoraggia il finanziamento con condivisione del rischio. Alcuni paesi possono già rimediare a questo svantaggio con i loro sistemi fiscali esistenti, ma altri devono ancora rivedere la loro legislazione fiscale.

La necessità di una maggiore coerenza nell'applicazione della regolamentazione e della vigilanza alle banche islamiche e alla governance tra le giurisdizioni. Gli standard setter islamici, tra cui l'Islamic Financial Services Board e l'Organizzazione per la contabilità e la revisione contabile delle istituzioni finanziarie islamiche, hanno svolto un lavoro straordinario nello stabilire le regole della strada. In tal modo, hanno coltivato una più stretta cooperazione con gli standard setter finanziari convenzionali, il che è di buon auspicio per la stabilità finanziaria globale.

Occorre fare di più per far rispettare queste regole. Gli standard attuali non vengono applicati in modo coerente in tutti i paesi. Ciò potrebbe soffocare lo sviluppo della finanza islamica o incoraggiarne la crescita in un modo che crea vulnerabilità sistemiche.

B. Sviluppare l'industria ei mercati

La seconda priorità per i responsabili politici è sviluppare ulteriormente l'industria ei mercati.

Molti paesi potrebbero incoraggiare ulteriori miglioramenti nel sistema bancario islamico per aumentare il finanziamento delle piccole e medie imprese. Ad esempio, le informazioni sull'affidabilità creditizia delle PMI devono essere rafforzate, compresa la disponibilità di garanzie. Sono necessari ulteriori sforzi per formare personale ben qualificato, che possa aiutare a soddisfare l'elevata domanda di prodotti della finanza islamica. E le banche islamiche devono rafforzare la loro capacità di gestione del rischio per i prestiti alle PMI.

Alcune di queste iniziative saranno guidate dall'industria stessa. Anche altri dovranno svolgere il loro ruolo, con le autorità di regolamentazione che garantiscano l'esistenza di adeguati sistemi di rischio di credito, con le banche di sviluppo che collaborano con le banche islamiche per il finanziamento e lo sviluppo delle capacità delle PMI e con i governi che promuovono l'educazione e l'alfabetizzazione finanziaria.

Oltre a rafforzare il settore, molti paesi potrebbero sviluppare ulteriormente i mercati finanziari islamici.

Pensa al potenziale di crescita di Sukuk. Negli ultimi dieci anni, le attività totali dei Sukuk in circolazione sono aumentate di dieci volte fino a circa $ 300 miliardi. La maggior parte di queste attività rimane concentrata negli Stati del Golfo e in Malesia. Ma l'interesse è cresciuto in altre parti del mondo. Lussemburgo, Hong Kong, Sudafrica e Regno Unito sono tra un numero crescente di altri paesi che hanno emesso obbligazioni Sukuk negli ultimi anni.

Ad esempio, sono necessarie emissioni sovrane più regolari a diverse scadenze per aiutare a stabilire parametri di riferimento e sviluppare mercati secondari. I piani dei Sukuk sovrani devono essere incorporati nelle strategie di gestione del debito dei governi. E il mercato ha bisogno di essere supportato da solidi quadri legali e normativi. Quest'ultimo aiuterebbe ad affrontare la persistente incertezza sui diritti degli investitori.

Molti paesi hanno anche bisogno di sviluppare mercati monetari e interbancari per strumenti conformi alla Shari'ah per aiutare le banche islamiche a gestire le esigenze di liquidità in modo più efficace. Un mercato sottosviluppato costringe le banche islamiche a detenere riserve di liquidità in eccesso. Limita anche le banche centrali nella conduzione delle loro politiche monetarie, in particolare nei paesi con grandi sistemi bancari islamici.

C. Garantire la stabilità finanziaria

La terza priorità per i responsabili politici è rafforzare ulteriormente la regolamentazione e la supervisione per garantire la stabilità finanziaria.

La necessità di una maggiore coerenza internazionale nell'applicazione degli standard regolamentari e di vigilanza. Ciò è essenziale non solo perché aiuta a creare condizioni di parità, ma anche perché aiuta a gestire i rischi specifici associati alla finanza islamica e previene l'arbitraggio normativo.

Allo stesso tempo, dovremmo garantire che le istituzioni finanziarie islamiche non siano regolamentate in modo insufficiente o eccessivo e che gli standard siano adattati per tenere conto delle caratteristiche specifiche dei prodotti islamici.

Fondamentale sarà la graduale implementazione dei requisiti patrimoniali e di liquidità di Basilea adattati alle caratteristiche della finanza islamica. Questa transizione potrebbe non essere facile per le banche islamiche, in particolare per quanto riguarda la liquidità. Ma può essere visto come un'opportunità per lo sviluppo di nuovi strumenti e mercati, e dovrà essere completato per garantire la resilienza dei sistemi bancari nazionali.

La finanza islamica è già considerata di importanza sistemica in 10 paesi, dove rappresenta oltre il 15% delle attività finanziarie totali. Naturalmente, con una maggiore influenza derivano maggiori responsabilità da parte delle banche islamiche e un crescente bisogno di supervisione.

Anche le reti di sicurezza finanziaria, comprese le assicurazioni sui depositi e le strutture di prestatore di ultima istanza, devono evolversi per tenere conto delle caratteristiche specifiche della finanza islamica. Senza questi aggiornamenti, i paesi potrebbero non disporre degli strumenti per rispondere adeguatamente agli shock delle singole istituzioni finanziarie. Né avrebbero la capacità di prevenire le ricadute sul sistema bancario convenzionale.

D. Adeguamenti operativi strategici per le PMI target

Per capitalizzare il potenziale di finanziamento e deposito, le banche islamiche devono guardare oltre l'approccio convenzionale "taglia unica" e fornire alle PMI aggiunte di valore personalizzate, molto simili a ciò che molte banche convenzionali stanno ora offrendo sempre più. Il quadro delle competenze richiesto è evidenziato di seguito in cui le banche dovrebbero acquisire le competenze richieste per costruire e gestire un'attività di successo di "Banca per le PMI islamiche":

1- Strategia e segmentazione

Una strategia e un modello di business dedicati alle PMI islamiche sono fondamentali: le banche dovrebbero adottare specifici approcci di segmentazione del mercato per essere in grado di comprendere meglio le dinamiche di mercato, quantificare le opportunità di business, costruire proposte appropriate e implementare il modello operativo ottimale. La mancanza di consapevolezza da parte dei clienti delle banche e delle istituzioni (soprattutto quelle islamiche) che offrono proposte di finanziamento alle PMI crea un enorme divario dal lato dell'offerta. Le banche islamiche possono colmare questa lacuna marchiando e commercializzando in modo efficace le proposte islamiche per le PMI, nonché creando unità/divisioni aziendali separate con strategie specializzate per le PMI.

2- Prodotti e Servizi

Soluzioni di prestito: i prodotti tradizionali possono ora consentire alle banche di acquisire la scala necessaria per un portafoglio redditizio di PMI islamiche. Pertanto, sarebbe necessario adattare i prodotti bancari aziendali e al dettaglio esistenti e, cosa più importante, costruire programmi di prodotti e approcci di portafoglio. Offerta di servizi diversi dai prestiti: le banche islamiche dovrebbero ampliare l'offerta di prodotti e servizi fornendo servizi diversi dai prestiti come la gestione della liquidità, la gestione delle buste paga, i pagamenti, le riscossioni e le soluzioni di finanza commerciale. Dovrebbero essere presi in considerazione anche i servizi di internet banking e mobile banking insieme a disposizioni per carte di debito specifiche per le PMI con limiti giornalieri.

3- Vendita e consegna

Le banche islamiche dovrebbero utilizzare nuovi modelli bancari per le PMI per colpire le PMI. L'uso del mobile banking per migliorare l'inclusione finanziaria e ridurre i costi di amministrazione di un conto potrebbe essere un buon passo iniziale.

Anche l'utilizzo di corrispondenti bancari per garantire la connettività dell'ultimo miglio dei servizi bancari potrebbe costituire un'area di interesse. Le banche islamiche potrebbero istituire filiali specifiche per le PMI nei principali cluster di PMI. Inoltre, le banche islamiche devono razionalizzare o riallineare i loro processi di esecuzione delle transazioni per facilitare l'esecuzione delle transazioni islamiche per le PMI.

4- Servizi di consulenza

Concentrarsi sui servizi di consulenza: la maggior parte delle PMI non dispone di conoscenze sufficienti in materia di finanza e gestione, competenze aziendali (come modellazione finanziaria, pianificazione futura e previsioni) e informazioni relative a norme e regolamenti governativi che incidono sul loro funzionamento. Questo deficit di conoscenza impedisce alle PMI di trasformarsi in imprese più grandi e più sostenibili. Le banche islamiche dovrebbero fornire alle PMI servizi di consulenza per aiutare e facilitare la crescita.

5- Organizzazione e Sistemi

Migliore formazione per i professionisti delle PMI: c'è una carenza di personale informato sui prodotti conformi alla Shari'ah tra gli istituti finanziari a causa della quantità inadeguata di tempo e impegno spesi per formarli. Per rimediare a questo, le istituzioni finanziarie devono incorporare migliori procedure di formazione nei loro quadri organizzativi. Investire nella formazione dei dipendenti consentirebbe alle banche islamiche di servire le PMI in modo più efficace e contribuirebbe ad aumentare la penetrazione del mercato.

6- Gestione del rischio

Adottare metodologie migliori e più sofisticate: la maggior parte degli istituti finanziari si affida agli approcci bancari tradizionali per identificare e indirizzare le PMI redditizie. Gli istituti finanziari devono incorporare adeguate tecniche di valutazione del credito (quali valutazione comportamentale, valutazione del credito e flusso di cassa e prestiti basati su programmi) e creare sistemi di allerta precoce e quadri di riscossione più solidi per indirizzare e gestire meglio le PMI, valutare i prodotti in modo più efficace e ridurre l'esposizione al rischio .

Semplificare i processi di richiesta di prestito per le PMI: le PMI incontrano difficoltà nella richiesta di prestiti a causa della quantità di documentazione richiesta e del lungo processo di approvazione (superiore a più di un mese). La maggior parte delle PMI non dispone della documentazione necessaria per richiedere un prestito. Le esigenze finanziarie delle PMI sono urgenti rispetto a quelle delle grandi imprese. Di conseguenza, il processo di approvazione deve essere abbreviato. Le banche islamiche devono semplificare i processi e concentrarsi sulla costruzione di relazioni con le PMI (clienti esistenti e potenziali), che garantirebbero una rapida erogazione del credito.

Al fine di acquisire le competenze richieste per un portafoglio di PMI islamiche sostenibile, redditizio e ad alte prestazioni, le banche potrebbero aver bisogno di richiedere assistenza tecnica. Il settore bancario delle PMI è una linea di competenze difficilmente disponibile nella regione MENA e le banche in Pakistan non sono state in grado di sostenere questo segmento a causa della mancanza di comprensione delle discipline bancarie delle PMI, delle migliori pratiche commerciali e di gestione del rischio

Capitolo 5
L' economia halal e la finanza islamica

Si stima che l'industria halal globale valga circa 2,3 trilioni di dollari (esclusa la finanza islamica). Crescendo a un tasso annuo stimato del 20%, l'industria ha un valore di circa 560 miliardi di dollari all'anno. Pertanto, rendendolo uno dei segmenti di consumatori in più rapida crescita al mondo. Il mercato globale halal di 1,8 miliardi di musulmani non è più limitato al cibo e ai prodotti alimentari. L'industria halal si è ora espansa oltre il settore alimentare per includere prodotti farmaceutici, cosmetici, prodotti per la salute, articoli da toeletta e dispositivi medici, nonché componenti del settore dei servizi come logistica, marketing, stampa e media elettronici, imballaggi, branding e finanziamenti.

A. L'opportunità halal del mercato

Negli ultimi anni, con l'aumento del numero di musulmani benestanti, l'industria halal si è ulteriormente espansa nelle offerte di lifestyle, compresi i servizi di viaggio e ospitalità halal, nonché la moda. Questo sviluppo è stato innescato dal cambiamento nella mentalità dei consumatori musulmani e dalle tendenze dei consumatori etici in tutto il mondo.

Il mercato halal non è esclusivo per i musulmani e ha guadagnato una crescente accettazione tra i consumatori non musulmani che associano l'halal al consumismo etico. In quanto tali, i valori promossi dall'halal - responsabilità sociale, custodia della terra, giustizia economica e sociale, benessere degli animali e investimento etico - hanno raccolto interesse al di là della sua conformità religiosa. La popolarità e la domanda di prodotti certificati halal tra i consumatori non musulmani è in aumento poiché sempre più consumatori sono alla ricerca di prodotti di alta qualità, sicuri ed etici.

Non più un semplice obbligo o osservanza religiosa per i musulmani, l'halal (che significa "lecito" o "consentito") è diventato una potente forza di mercato, diventando sempre più un fenomeno di mercato mondiale sia per i musulmani che per i non musulmani. L'appendice "Halal" a un prodotto non è solo una garanzia che il prodotto è consentito ai musulmani, ma è anche diventato un simbolo globale per la garanzia della qualità e la scelta dello stile di vita. Ciò è evidente dalla partecipazione e dal coinvolgimento di paesi e organizzazioni non musulmani in cui l'halal sta rapidamente emergendo come standard di riferimento. Molti paesi occidentali hanno riconosciuto l'emergente tendenza globale del consumismo verso prodotti e servizi halal e ora stanno correndo per prendere piede nel settore halal.

Sulla base di un rapporto delle Nazioni Unite, l'Islam è la seconda religione più grande dopo il cristianesimo. Le statistiche delle Nazioni Unite hanno registrato una crescita annuale dei musulmani intorno al 6,4% rispetto all'1,46% del cristianesimo. Secondo le stesse statistiche, 1 persona su 5 in questo mondo è musulmana per nascita o geografia. Sulla base delle statistiche precedenti, i musulmani presentano un enorme mercato globale di prodotti e servizi halal e poiché i musulmani in generale aderiscono fortemente ai principi religiosi e sono sempre più esigenti e sensibili all'halal del loro stile di vita, in particolare il cibo, la prospettiva per il mercato halal è enorme. Pertanto, per sfruttare la vasta opportunità offerta dall'industria halal, diversi aspetti relativi al concetto halal devono essere presi in considerazione da tutti, compresi gli uomini d'affari non musulmani. Le seguenti misure presentano un approccio vincente per il settore commerciale halal per ottenere un vantaggio competitivo in questo mercato promettente e redditizio. (Awang, Abdul-Rahim et al. 2014)

I musulmani rappresentano circa il 23% della popolazione mondiale o circa 1,8 miliardi di consumatori con un tasso di crescita medio del 3% annuo.

Questo mercato offre un enorme potenziale per aziende, organizzazioni e altri, dall'ovest e dai paesi musulmani, ed è in forte crescita. Si prevede che la popolazione musulmana globale crescerà di circa il 35 %

nei prossimi 20 anni, passando da 1,6 miliardi nel 2010 a 2,2 miliardi entro il 2030, ovvero il 26,4% della popolazione mondiale totale prevista di 8,3 miliardi. Entro il 2050, la popolazione musulmana potrebbe crescere fino a 2,6 miliardi e rappresentare quasi il 30% della popolazione globale prevista.

Sempre entro il 2030, si prevede che 79 paesi ospiteranno un milione o più di musulmani residenti, rispetto agli attuali 72 paesi. Anche se molti dirigenti d'azienda occidentali potrebbero non rendersene conto, la maggioranza dei musulmani del mondo (oltre il 60%) continuerà a vivere nella regione dell'Asia-Pacifico, mentre circa il 20% vivrà in Medio Oriente e Nord Africa. I musulmani rimarranno minoranze relativamente piccole in Europa e nelle Americhe, ma costituiranno una quota crescente della popolazione totale in queste regioni. Per avere successo in Asia, così come in Medio Oriente e Nord Africa, le aziende occidentali devono imparare a comprendere e affrontare il mercato musulmano su larga scala.

Un fattore demografico rende il mercato musulmano particolarmente attraente per una varietà di aziende: è in gran parte giovane e fa parte di una classe media emergente sulla strada di un maggiore consumo. La dottrina islamica, in generale, non è ascetica e non scoraggia il commercio o il consumismo. Allo stesso modo, non divide lo stato dalla religione, il che significa che i musulmani praticano la loro fede di pari passo con i ruoli politici, sociali e culturali che svolgono nella società.

Nei paesi a maggioranza e minoranza islamica in tutta l'Asia, il Medio Oriente, l'Africa e l'Europa, l'attività commerciale è in aumento, con il commercio islamico attualmente stimato in trilioni di dollari.

Le aziende stanno iniziando a comprendere la grande opportunità che rappresenta il consumatore musulmano. Ma affrontare questo mercato non è così semplice come trattare con altri mercati di consumo di miliardi di abitanti come India e Cina. Tanto per cominciare, la comunità musulmana non è un singolo gruppo omogeneo. I musulmani vivono in ogni paese del mondo, rappresentano ogni razza e provengono da ogni strato sociale ed economico. E sebbene condividano il filo conduttore delle loro convinzioni, hanno le loro sfumature, preferenze e pratiche culturali, regionali o locali.

Sebbene l'Islam sia spesso associato al mondo arabo e al Medio Oriente, questa regione ospita solo il 20% della popolazione musulmana mondiale. Si prevede che questo numero crescerà di oltre un terzo nei prossimi due decenni.

L'Africa subsahariana costituisce il 15% dei musulmani in tutto il mondo e si prevede che crescerà di quasi il 60% nei prossimi due decenni. Circa un quinto dei musulmani vive in un paese o in una regione in cui sono la minoranza. Sebbene i musulmani rimarranno un gruppo minoritario in Europa e nelle Americhe, costituiranno una quota crescente della popolazione totale.5 Si prevede che la comunità musulmana europea aumenterà di quasi un terzo, passando da 44,1 milioni nel 2010 a 58,2 milioni nel 2030. Nelle Americhe, si prevede che il numero dei musulmani raddoppierà nello stesso periodo.

Il considerevole e crescente mercato dei consumatori musulmani in tutto il mondo continuerà ad alimentare la crescita a due cifre dell'industria halal , creando una pletora di opportunità nel mercato dei prodotti e servizi halal.

Anche la crescente consapevolezza dei consumatori musulmani sui loro obblighi religiosi ha contribuito alla crescente domanda di prodotti e servizi halal. La demografia dei musulmani ha subito cambiamenti significativi negli ultimi anni. C'è ora un'ondata di fervore religioso tra la crescente classe sociale di musulmani giovani, altamente istruiti, esperti e benestanti, che abbraccia un "contemporaneo islamico con uno stile di vita globale". Questa nuova generazione di musulmani predilige i prodotti in stile occidentale e aspira a uno stile di vita moderno man mano che diventano più integrati nell'economia globale come consumatori, dipendenti, viaggiatori, investitori, produttori, rivenditori e commercianti. Ciò ha creato una domanda mondiale di prodotti e servizi tradizionali conformi ai valori islamici.

La diversità del consumatore musulmano può rivelarsi una sfida per coloro che vedono i mercati come aree geografiche e per i quali il concetto di una coscienza islamica che opera attraverso le frontiere del mercato è estraneo. Né l'economia musulmana può essere facilmente definita come altri mercati transfrontalieri come la "green economy" o il "dollaro rosa".

L'economista Ben Simpfendorfer suggerisce che i forti legami culturali e storici tra il mondo musulmano e quello non musulmano stanno iniziando a emergere. Fa l'esempio della Cina come paese che sta affrontando l'opportunità musulmana.

Nel suo libro "The New Silk Road", cita l'esempio della città di Yiwu , dove circa 200.000 cittadini arabi visitano ogni anno la città costiera cinese perché vanta il più grande mercato all'ingrosso di beni di consumo in Cina. Ciò che distingue Yiwu è che ha reso il commercio conveniente, in particolare per gli acquirenti musulmani dal Medio Oriente e oltre. Oltre ai prodotti che attraggono i consumatori musulmani, il successo di Yiwu risiede nell'approccio a braccia aperte che il governo cinese ha mostrato ai commercianti e ai consumatori musulmani. Una sala di preghiera per quasi 10.000 fedeli è stata costruita dal governo, il cibo halal è facilmente disponibile, mentre i chierici nominati e sovvenzionati dal governo guidano le preghiere - questo in un momento in cui i governi occidentali stanno mettendo in discussione i minareti delle moschee (Svizzera) o pubblico incontri di preghiera (Francia).

Per i marchi che trovano modi per abbracciare e coinvolgere il consumatore musulmano, i premi sono ricchi. E le comunicazioni intelligenti e accattivanti svolgeranno un ruolo fondamentale nel prendere di mira un mercato di consumatori che rappresenta già quasi un quarto dell'umanità.

Molto è già stato scritto sulla finanza islamica e sull'opportunità Halal, e in modo più approfondito di quello che copriamo. Il nostro scopo in questo rapporto è segnalare lo sviluppo dell'opportunità, evidenziare dove si trova il potenziale maggiore e analizzare i problemi di comunicazione e reputazione di cui le aziende devono essere consapevoli.

Sebbene il mercato abbia molte sfaccettature e segmenti di nicchia, comprendere il termine generico "Halal" è fondamentale per avvicinarsi a questo mercato.

La più grande opportunità all'interno del mercato Halal è senza dubbio il cibo, che è anche il luogo dove si trova la sfida più grande. In effetti, il termine Halal è diventato sinonimo, in alcuni paesi di minoranza musulmana, di cibo ed è quasi universalmente associato alla macellazione rituale (o Zabiah) degli animali. Ciò ha ristretto il discorso sull'halal, limitando l'attenzione di molte organizzazioni e contribuendo a fraintendimenti e problemi di reputazione.

Secondo alcuni non musulmani, l'halal va contro la sensibilità generale richiedendo che tutto il sangue venga estratto dalla carne (più o meno allo stesso modo del cibo kosher). Pertanto, Halal, per alcuni pubblici, è diventata una parola negativa. Ma, date le dimensioni del mercato e la relativa facilità con cui il cibo può essere "convertito" in Halal, alcune aziende hanno tranquillamente introdotto "Halal di nascosto". Ma questo ha solo esacerbato il problema e, secondo questo rapporto, ha frenato la più ampia disponibilità e accettazione dei prodotti Halal.

La vita moderna è ampiamente influenzata dalla scienza e dalla tecnologia e, di conseguenza, ciò ha influenzato l'aspetto halal delle attività quotidiane. È nella natura umana desiderare tutto ciò che è buono nella vita sotto forma di vestiti, cibo, alloggio, interazione con gli altri esseri umani e un ambiente sano. Nell'Islam, tutto ciò che è halal porta bontà e prosperità per l'umanità non è dannoso per la vita e, in effetti, eleva l'uomo a un livello superiore in questo mondo.

D'altra parte, qualcosa che è haram è percepito come fisicamente e spiritualmente impuro, inferiore e difettoso, tratti che sono naturalmente ripugnanti per l'umanità. Qualsiasi cosa haram costituisce elementi dannosi che incidono sulla psicologia dell'uomo e sul suo benessere fisico. La ricerca che integra il concetto halal con la scienza si concentra sui benefici universali, la disposizione naturale dell'uomo, la salute, la pulizia e la qualità. Il concetto halal racchiude la natura universale dell'Islam. Pertanto, la ricerca scientifica relativa al concetto halal è encomiabile.

Rispettare le convinzioni degli altri: i produttori di alimenti non musulmani devono essere consapevoli e rispettare le credenze e i principi dei musulmani in materia di halal che includono cibo, abbigliamento, transazioni finanziarie e altro. Fa parte di un sistema di credenze e di un codice morale di condotta parte integrante della vita quotidiana dei musulmani. Pertanto, sarebbe poco saggio e dannoso per i produttori sfidare intenzionalmente i musulmani introducendo elementi non halal nel cibo, nell'abbigliamento e nei servizi dichiarati halal, poiché ciò eroderà la fiducia dei consumatori e di conseguenza diminuirà l'integrità di questi prodotti e rappresentano una sfida per la crescita di questo mercato.

B. Segmenti del mercato halal

Va premesso che il sistema alimentare e di consumo islamico è diverso e unico rispetto ad altri sistemi alimentari etnici. La comunità mondiale ha ora iniziato a comprendere l'importanza del requisito dei musulmani per il cibo e altri consumi noti come halal. Il mercato degli alimenti e dei prodotti halal certificati è in forte crescita, sia a livello nazionale che internazionale. Sebbene il termine halal non abbia mai attirato così tanta attenzione come negli ultimi tempi, oggi, ovunque ci siano consumatori musulmani i cui gusti e preferenze sono governati da regole halal sulle specifiche alimentari, esiste un mercato alimentare halal. Ogni musulmano deve assicurarsi che ciò che mangia provenga da una fonte halal. Ciò non significa solo controllare gli ingredienti in sé, ma anche garantire che l'intero processo sia conforme ai principi della Shari'ah .

1. Cibo

Spinto dalla crescente domanda, il mercato alimentare halal continua a costruire il suo slancio lungo la catena di approvvigionamento alimentare globale. Il rapporto sullo stato dell'economia islamica globale 2015/16 stima le dimensioni e il profilo del mercato

— Spesa globale dei consumatori musulmani in cibo e bevande a 1.128 miliardi di dollari (17% della spesa globale):

Il Rapporto stima che la spesa musulmana globale per cibo e bevande (F&B) sia stata di $ 1.128 miliardi nel 2014. La spesa totale globale per F&B durante lo stesso periodo è stimata a $ 6.755 miliardi nel 2014, rendendo il mercato alimentare musulmano il 16,7% della spesa globale.

Comparativamente, si tratta di un aumento del 4,3% rispetto alla spesa alimentare musulmana del 2013, pari a 1.081 miliardi di dollari (che riflette la metodologia delle proiezioni rettificate). La spesa alimentare musulmana dovrebbe crescere fino a 1.585 miliardi di dollari entro il 2020 e rappresenterà il 16,9% della spesa globale. Ciò equivale a una crescita CAGR 2014-20 del 5,8%.

Sulla base del consumo alimentare totale, i principali paesi con consumo alimentare musulmano sono l'Indonesia ($ 158 miliardi), la Turchia ($ 110 miliardi), il Pakistan ($ 100,5 miliardi) e l'Iran ($ 59 miliardi) sulla base delle stime del 2014. Comparativamente, il mercato globale globale di cibo e bevande musulmano è più grande del consumo di cibo e bevande dei principali mercati geografici nel 2014, come Cina ($ 797,8 miliardi), Stati Uniti ($ 741,2 miliardi), Giappone ($ 367,3 miliardi) e India ($ 335,7 miliardi). Geograficamente il 16% del consumo alimentare musulmano avviene nei paesi non membri dell'OIC. Una testimonianza della forza di questo settore è che il successo del mercato alimentare halal rimane costante in diverse culture e continenti. In Malesia, Nestlé Malaysia e il suo centro di eccellenza halal sono diventati i maggiori produttori di prodotti halal al mondo. Negli Stati Uniti d'America, Saffron Road con i suoi prodotti halal e biologici è diventata il modello di successo per aspiranti imprenditori musulmani e non musulmani . Dall'Asia all'America, il settore alimentare halal sta diventando una delle principali fonti di crescita sia nell'economia islamica che in quella globale. Naturalmente, ci sono anche delle sfide. C'è una lotta continua per gli standard alimentari Halal e l'accreditamento, con una maggiore istruzione richiesta su tali argomenti nei paesi OIC. Il recente divieto di macellazione halal e kosher in Danimarca insieme alle spaventose storie sul cibo halal nei media riflettono un atteggiamento attuale prevalente in Europa e sempre più negli Stati Uniti che diffida delle usanze e dei rituali musulmani e islamici nella pubblica piazza. Affrontare e superare queste sfide sarà fondamentale per il futuro successo del settore alimentare halal.

Il mercato halal sta emergendo come una delle arene di mercato più redditizie e influenti nel settore alimentare mondiale di oggi. Il mercato del cibo halal è cresciuto fortemente negli ultimi dieci anni e ora vale circa 667 milioni di dollari. Il cibo halal rappresenta quasi il 20% dell'intera industria alimentare globale. Con l'aumento previsto sia della popolazione che del reddito dei consumatori halal e insieme al previsto aumento della domanda di cibo di oltre il 70% entro il 2050, la domanda futura di cibo halal è forte.

Molti economisti alimentari ipotizzano che l'industria alimentare halal diventerà una forza di mercato importante nel prossimo futuro sulla base di quattro tendenze prevalenti. In primo luogo, l'Islam è ora la religione in più rapida crescita al mondo, alimentando così una domanda globale di prodotti halal. La crescita annuale del consumo di cibo halal è stimata al 16%. In secondo luogo, la crescente tendenza a consumare prodotti alimentari halal per motivi etici e di sicurezza da parte dei consumatori non musulmani. Nel Regno Unito, ad esempio, ci sono oltre 2 milioni di musulmani, eppure ci sono 6 milioni di consumatori di carne halal.8 Nei Paesi Bassi, i consumatori olandesi non musulmani hanno mostrato un notevole interesse per il cibo halal, dove si stima che la domanda totale raggiunga circa USD3 miliardi su base annua.9 Questi due fattori combinati hanno reso i prodotti halal un bene di consumo mainstream. Il terzo è il crescente potere dei consumatori halal come forza di mercato in tandem con la crescita della popolazione musulmana e il loro reddito disponibile in aumento. Infine, c'è una maggiore consapevolezza tra i musulmani sulla necessità e necessità di consumare solo cibo halal. Un buon esempio di tale crescente consapevolezza dei consumatori è il rapido aumento delle vendite annuali di cibo halal in tutta la Russia e la crescente domanda di prodotti halal tra il 30% e il 40% all'anno.

Fino a dieci anni fa, i prodotti alimentari halal venivano offerti nei negozi tradizionali e nelle macellerie di quartiere. Il mercato halal ha assistito a un cambiamento universale nella domanda e nelle catene di approvvigionamento di prodotti alimentari halal. Sono sempre più disponibili nei negozi di alimentari in stile occidentale, inclusi supermercati e catene di ipermercati. In molti paesi occidentali, supermercati e produttori alimentari stanno iniziando a raggiungere i consumatori musulmani offrendo una più ampia selezione di prodotti alimentari halal. Il cibo halal sta diventando una parte crescente della dieta occidentale ed è diventato un'industria globale multimiliardaria che coinvolge multinazionali come Tesco, Unilever e Nestlé che hanno ampliato in modo aggressivo le loro linee di prodotti certificati halal. Ad oggi, Nestlé è il più grande produttore di alimenti nel settore halal con un fatturato annuo di oltre 5 miliardi di dollari. Il cibo halal rappresenta circa il 35% delle vendite globali di Nestlé.

Dal punto di vista del mercato, i tradizionali principali mercati di riferimento rimangono l'Asia e il Medio Oriente. Tuttavia, i mercati halal nel Regno Unito, in Europa e negli Stati Uniti vedranno il loro ruolo nello sviluppo del mercato halal notevolmente migliorato in quanto sono mercati che svolgono ruoli determinanti in altri mercati in tutto il mondo. Porterà l'halal nel mainstream globale. Mentre le dinamiche all'interno del mondo musulmano cambiano e le tendenze della globalizzazione continuano a modellare i gusti, le abitudini e i modelli di spesa dei consumatori in tutto il mondo; è altamente probabile che i mercati halal in via di sviluppo avranno ruoli sempre più influenti nei mercati consolidati del Medio Oriente e dell'Asia, in particolare influenzando le strategie halal aziendali globali.

Non sorprende che i maggiori produttori ed esportatori di alimenti halal si trovino in paesi non musulmani come Stati Uniti, Brasile, Argentina, Australia e Cina. A causa della natura tradizionale del mercato, si stima che le multinazionali di questi paesi controllino il 90% del mercato halal globale. In Malesia, ad esempio, i consumatori musulmani spendono in media il 14% del loro budget alimentare in carne. Il 60% della carne halal viene importata da India, Australia e Nuova Zelanda. Anche altri paesi musulmani, tra cui Arabia Saudita,

Algeria ed Egitto, importano carne da paesi non musulmani per soddisfare la domanda di consumo locale. Paesi come Brasile, Argentina, Nuova Zelanda e Australia si sono affermati come leader di mercato nell'esportazione di carne e pollame halal.

I prodotti alimentari halal non si limitano a carne e pollame, compresi altri prodotti alimentari come dolciumi, cibi in scatola e surgelati, latticini, prodotti da forno, alimenti biologici, bevande e prodotti a base di erbe. Lo stile di vita in evoluzione e l'aumento del potere d'acquisto dei musulmani significano che esiste una domanda diffusa di cibi pronti preparati e alimenti confezionati che sono ancora conformi alle leggi dietetiche islamiche. Un altro settore alimentare in crescita è costituito dai sostituti di prodotti che tradizionalmente contengono ingredienti non halal (haram) come la gelatina di maiale o l'alcool. Questi prodotti, che includono yogurt, biscotti e cioccolatini, vengono ora modificati in modo da poter essere commercializzati come halal.

2. Prodotti farmaceutici e sanitari

Anche i prodotti farmaceutici e sanitari sono grandi aree di crescita nel settore halal globale. Si stima che nei paesi a maggioranza musulmana la domanda di prodotti farmaceutici halal , medicinali generici , benessere e assistenza sanitaria sia di circa 555 miliardi di dollari. La principale preoccupazione tra i musulmani è l'uso di sostanze non conformi come derivati animali e gelatine di origine animale in questi prodotti. La crescita del mercato globale dei prodotti farmaceutici è aumentata del 4% nel 2009, raggiungendo un valore che ha superato gli 820 miliardi di dollari, offrendo enormi opportunità potenziali a cui l'industria farmaceutica halal può attingere. L'aumento dei costi sanitari fornisce inoltre al mercato halal un fattore chiave di differenziazione nella fornitura di farmaci generici.

ingredienti farmaceutici e metodologia analitica di integrità del prodotto. Nel tentativo di rafforzare l'integrità all'interno della produzione e assistenza di medicinali e integratori sanitari, la Malesia ha introdotto un nuovo standard per i prodotti farmaceutici halal. "The Malaysian Standard MS2424:2010 (P): Halal Pharmaceuticals General Guidelines" si rivolge all'intera catena di approvvigionamento dell'industria farmaceutica, dalla lavorazione alla manipolazione, imballaggio, etichettatura, distribuzione, stoccaggio ed esposizione di medicinali e integratori sanitari.

3. Cosmetici

La crescita nel mercato dei cosmetici halal è rispecchiata da una crescita della conoscenza dei consumatori sugli ingredienti utilizzati e sulla consapevolezza del prodotto, alimentata dai social network.13 L'industria globale dei cosmetici halal è stimata a 13 miliardi di dollari con un tasso di crescita annuo del 12%.14 Attualmente il mercato dei cosmetici halal costituisce l'11% del totale dell'industria halal globale. Il mercato emergente dei cosmetici e della cura della persona halal è visto dagli analisti come il prossimo in linea di crescita dopo il redditizio settore alimentare halal. Il motore principale di questa enorme domanda di cosmetici e prodotti di bellezza halal deriva dalla demografia della popolazione musulmana professionale giovane, religiosamente consapevole e dinamica. Nell'ambito dei cosmetici halal, il concetto copre aspetti critici della produzione come gli ingredienti halal e l'uso di sostanze consentite che devono essere fabbricate, conservate, confezionate e consegnate in conformità con i requisiti Shari. È interessante notare che i cosmetici halal hanno anche guadagnato slancio tra i consumatori moderni che sono attenti all'eco-etica e sono disposti a pagare un premio per prodotti cosmetici biologici, naturali e terrosi adatti al loro stile di vita moderno.

Il mercato dei cosmetici halal è in piena espansione in Medio Oriente e in Asia. In tutto il Medio Oriente, i cosmetici halal stanno registrando una crescita annua del 12%, raggiungendo i 12 miliardi di dollari di valore totale delle vendite relative ai cosmetici. I mercati asiatici, in particolare Malesia, Indonesia e Europa, hanno visto un aumento dell'interesse per i cosmetici halal. In Malesia, i cosmetici halal contribuiscono dal 10% al 20% del mercato cosmetico locale. Tuttavia, l'industria globale dei cosmetici è dominata, e in una certa misura monopolizzata, da aziende non musulmane. Ciò pone serie sfide alla questione degli ingredienti halal nei prodotti cosmetici fabbricati dalle aziende.

Sebbene ai musulmani sia generalmente consentito consumare prodotti haram (proibiti) in situazioni di pericolo di vita, la domanda di prodotti farmaceutici che aderiscono alle regole musulmane è in crescita. La crescente domanda globale di prodotti farmaceutici halal va di pari passo con il crescente interesse e le preoccupazioni dei musulmani riguardo allo status halal dei prodotti farmaceutici. Molti di loro stanno sfidando l'industria sulle origini degli ingredienti di questi prodotti e se sono conformi a uno stile di vita islamico. I prodotti farmaceutici halal non dovrebbero solo essere privi di componenti haram, ma dovrebbero anche essere tayyib , un termine dato a beni e prodotti che soddisfano gli standard di qualità. In generale, tayyib si riferisce a prodotti puliti, puri e prodotti sulla base di processi e procedure standard. Pertanto, un prodotto farmaceutico non dovrebbe essere solo halal, ma dovrebbe anche essere giudicato pulito secondo la legge della Shari'a .

Tuttavia, il mercato farmaceutico halal è afflitto dalla mancanza di standard halal globali su Molti prodotti cosmetici contengono alcol considerato haram e componenti di origine animale considerati impuri dall'Islam. Le crescenti preoccupazioni sugli ingredienti di origine animale come la gelatina e il collagene nei prodotti cosmetici stanno alimentando la domanda dei consumatori sia musulmani che non musulmani. L'etichetta halal sui cosmetici e sui prodotti di bellezza attrae i consumatori che cercano integrità e autenticità nei loro prodotti cosmetici e per la cura personale. Sebbene il concetto di cosmetici halal sia molto nuovo nel mondo musulmano, c'è una domanda crescente soprattutto da parte dei consumatori coscienziosi che stanno diventando più selettivi nella scelta degli articoli per la cura personale e scelgono consapevolmente di spendere soldi per cosmetici e prodotti di bellezza che si adattano con le loro esigenze religiose e culturali.

I cosmetici halal si sono sviluppati ben oltre una novità. Sfruttando il fiorente mercato dei cosmetici halal, un certo numero di aziende cosmetiche sta iniziando a sviluppare questo mercato di nicchia producendo linee di prodotti certificati halal che non contengono ingredienti di origine animale e non sono testati sugli animali per soddisfare la crescente domanda dei consumatori che desiderano semplicemente più sicurezza che i cosmetici che utilizzano siano sani e di origine sostenibile. Una sfida per sviluppare ulteriormente questo settore halal di nicchia è come integrare al meglio i cosmetici halal nel quadro dell'industria globale della bellezza. La collaborazione attiva con i principali gruppi di interesse paralleli come i diritti biologici, vegani, etici e ambientali può essere la chiave per rafforzare ulteriormente il valore dei prodotti cosmetici halal nel mercato globale.

4. Turismo e Viaggi

Il turismo halal ha recentemente guadagnato popolarità e ora sta rapidamente diventando un nuovo fenomeno nel settore del turismo in generale. Si riferisce a prodotti turistici che forniscono servizi di ospitalità in conformità con le credenze e le pratiche islamiche. Ciò comporta il servizio di cibo halal, la presenza di piscine separate, spa e attività ricreative per uomini e donne, zone pranzo senza alcol, strutture per la preghiera e persino aree di spiaggia per sole donne con etichetta islamica per il nuoto. Tradizionalmente, il turismo halal è stato comunemente associato ai pellegrinaggi hajj e umrah. I crescenti consumatori musulmani benestanti della classe media e l'aumento del grado di interconnettività che ha reso i viaggi parte integrante della vita quotidiana stanno gradualmente cambiando le preferenze turistiche dei musulmani dalle destinazioni tradizionali come la Mecca alle migliori destinazioni e resort per le vacanze. Con la spesa dei turisti musulmani che dovrebbe salire a oltre il 13% dell'intera spesa turistica globale entro il 2020, il turismo halal ha il potenziale per diventare mainstream e svilupparsi come parte integrante del fiorente mercato globale halal.

Il mercato del turismo halal rappresenta il 12,3% o 126,1 miliardi di dollari del mercato totale del turismo globale in uscita e sta crescendo del 4,8% rispetto alla media globale del 3,8%. Solo nel 2011, i viaggiatori musulmani hanno speso circa 126 miliardi di dollari15. Si prevede che questa cifra raggiungerà i 419 miliardi di dollari entro il 2020. I mercati MENA rappresentano la quota maggiore della spesa globale dei turisti musulmani in uscita, pari al 60%.

Il turismo halal è fiorito negli ultimi anni per soddisfare le esigenze dei viaggiatori musulmani che desiderano godere di servizi completi per le vacanze, che allo stesso tempo rispondono alle loro esigenze religiose, nonché alle usanze e alla cultura islamiche. Alcuni paesi hanno già adattato la loro offerta turistica per includere strutture e alloggi conformi alle credenze religiose dei turisti musulmani. Le destinazioni preferite sono state prevalentemente paesi islamici come la Malesia, la Turchia e l'Egitto. Negli ultimi anni, paesi non musulmani tra cui Australia, Singapore e Francia hanno mostrato un forte interesse per il turismo halal. Queste destinazioni sono le preferite dai viaggiatori musulmani in quanto dispongono di organismi di certificazione halal, che rendono più facile per i turisti trovare negozi di alimentari certificati halal durante le vacanze. La Malesia, ad esempio, è stata all'avanguardia nel settore del turismo halal e ha avuto successo nell'attrarre turisti musulmani da tutto il mondo, in particolare i viaggiatori mediorientali. Di recente, la Malesia si è classificata al primo posto tra le 10 migliori destinazioni per le vacanze halal nel mondo. La classifica si basava su diversi fattori tra cui la disponibilità di cibo halal, strutture per la preghiera e alloggi halal friendly.

D'altra parte, i viaggiatori musulmani sono emersi come un attraente segmento di clientela che rappresenta circa l'11% della spesa globale in uscita per viaggi e turismo nel 2014, con una spesa totale di 142 miliardi di dollari. Comparativamente, si tratta di un aumento del 6,3% rispetto alla spesa di viaggio musulmana del 2013, pari a 134 miliardi di dollari (aggiornata sulla base di una metodologia adeguata). Si prevede che la spesa turistica musulmana in uscita crescerà fino a raggiungere i 233 miliardi di dollari entro il 2020. Complessivamente, la spesa musulmana per i viaggi è la terza più grande rispetto ai maggiori paesi di origine dei viaggi, subito dopo la Cina (160 miliardi di dollari) e gli Stati Uniti (143 miliardi di dollari). i paesi di origine dei turisti musulmani in base alla spesa del 2014 sono stati: Arabia Saudita ($ 17,8 miliardi), Emirati Arabi Uniti ($ 12,6 miliardi), Kuwait ($ 9,7 miliardi), Qatar ($ 9,5 miliardi), Indonesia ($ 7,6 miliardi) e Iran ($ 7,5 miliardi). A livello regionale, la spesa per il turismo musulmano è stata la più alta nelle seguenti regioni: MENA-GCC ($ 52 miliardi), MENA-Altro ($ 21 miliardi) e Asia orientale ($ 19 miliardi) seguite da Europa occidentale ($ 16 miliardi) e Asia centrale ($ 10 miliardi) . MENA-GCC rappresentano il 37% della spesa totale per i viaggi musulmani, anche se rappresentano solo il 3% della popolazione musulmana globale.

Il mercato globale delle località balneari è stimato in un mercato in forte crescita $ 250 miliardi nel 2014, che rappresentano il 30% del mercato totale di hotel e resort, e con questa quota destinata a crescere in futuro:

- Il panorama delle località balneari si è ampliato, dal rivolgersi principalmente a viaggiatori attenti ai prezzi per rivolgersi a una vasta gamma di gruppi di clienti e offrire un'ampia gamma di livelli di prezzo, dal budget al lusso.
- Con i viaggiatori musulmani che hanno speso circa 28 miliardi di dollari in località balneari nel 2014 e con notevoli possibilità di ulteriore specializzazione nel settore, c'è stato un numero crescente di località balneari rivolte principalmente ai viaggiatori musulmani e che soddisfano pienamente le esigenze dello stile di vita musulmano.

Capitolo 6
Blockchain per la finanza islamica

La finanza islamica e la sua economia digitale offrono opportunità a musulmani e non musulmani poiché entrambe le popolazioni ora cercano una soluzione convergente ai loro problemi urgenti: ricostruire la fiducia e la fiducia in un sistema finanziario che li aveva persi. Alcuni tecnologi immaginano questo mondo senza intermediari, mentre altri vogliono solo un modo più rapido ed efficiente di effettuare transazioni. In ogni caso, la sfida viene dalla responsabilità e dall'incorporamento di quel senso di responsabilità all'interno dei nuovi sistemi che si stanno costruendo, basati sulla condivisione di rischi e profitti che ancorano la natura delle nostre economie, inclusa l'economia della condivisione di beni sottoutilizzati.

La tecnologia blockchain sta rapidamente guadagnando l'attenzione delle organizzazioni di cooperazione islamica. Ci sono vari istituti finanziari islamici che stanno pianificando di utilizzare il sistema blockchain per portare i benefici che ne derivano. Le autorità di Dubai hanno rivelato il loro piano secondo cui nel 2020 utilizzeranno la blockchain nei settori pubblico e privato. Non sorprende che anche il governo si stia dimostrando interessante nella valuta digitale. Qui abbiamo le informazioni relative alla relazione della blockchain nella finanza islamica e nel sistema bancario.

Qual è lo stato della blockchain oggi? Nel sondaggio di PwC del 2018 su 600 dirigenti di 15 territori, l'84% afferma che le proprie organizzazioni hanno almeno un coinvolgimento con la tecnologia blockchain. Le aziende si sono dilettate in laboratorio; forse hanno costruito prove di concetto. Tutti parlano di blockchain e nessuno vuole essere lasciato indietro. È facile capire perché. In quanto libro mastro distribuito e a prova di manomissione, una blockchain ben progettata non si limita a eliminare gli intermediari, ridurre i costi e aumentare la velocità e la portata. Offre inoltre maggiore trasparenza e tracciabilità per molti processi aziendali. Gartner prevede che la blockchain genererà un valore aziendale annuo di oltre 3 trilioni di dollari entro il 2030. È possibile immaginare che entro lo stesso anno dal 10% al 20% dell'infrastruttura economica globale funzionerà su sistemi basati su blockchain.

Per l'economia islamica, la tecnologia blockchain ha il potenziale per avere un impatto significativo. La blockchain nella finanza e nel settore bancario islamico aiuterà sicuramente le banche islamiche e gli istituti finanziari ad avere successo. Senza preoccuparsi degli interessi e di altre questioni simili, il sistema bancario islamico sarà in grado di lavorare in modo più produttivo.

Le istituzioni finanziarie islamiche utilizzano sempre più la tecnologia blockchain per condizioni di finanziamento complesse, transazioni conformi alla Shariah e alternative islamiche e conformi alla Sharia alle assicurazioni convenzionali. automazione del back-office e sottoscrizione di microassicurazioni. Islamic Finance può utilizzare le criptovalute per il finanziamento delle PMI, sostenute dalla tecnologia blockchain, per strutturare i pagamenti in modo efficiente ed economico.

Gli attributi principali di Blockchain significano che ha un potenziale significativo per l'uso nella finanza islamica grazie al suo:

- Trasparenza: la blockchain fornisce provenienza, tracciabilità e trasparenza delle transazioni
- Controllo: l'accesso alle reti autorizzate è limitato agli utenti identificati

- Sicurezza: il libro mastro digitale non può essere alterato o manomesso una volta inseriti i dati. La frode è meno probabile e più facile da individuare

- Informazioni in tempo reale: quando le informazioni vengono aggiornate, vengono aggiornate contemporaneamente per tutti gli utenti della rete

La blockchain nella finanza e nel settore bancario islamico aiuterà sicuramente le banche islamiche e gli istituti finanziari ad avere successo. Senza preoccuparsi degli interessi e di altre questioni simili, il sistema bancario islamico sarà in grado di lavorare in modo più produttivo. La gestione dei prestiti e di altri servizi correlati diventerà facile. oltre a ridurre frodi e rischi, può abbattere gli alti costi associati alla finanza islamica. Il costo dell'elaborazione dei prodotti finanziari islamici è superiore ai normali prodotti di servizi finanziari, quindi la blockchain è uno strumento molto efficace per ridurre i costi nei sistemi di elaborazione back-end delle società di finanza islamica La vera sfida, in futuro, sarà la legalità di contratti intelligenti e il quadro normativo globale necessario per stabilire un vero prestito peer-to-peer oltre i confini; solo perché è legale in un paese, non lo rende tale anche in un altro.

Dato questo stato, questo documento mira a fornire un'introduzione all'applicazione di Blockchain per la finanza islamica e delineare alcune potenziali aree di considerazione per tutti i settori della finanza islamica. Il libro:

• Spiega cos'è e cosa non è la tecnologia Blockchain;

• Sostiene che la finanza islamica crei conoscenza e capacità in relazione alla tecnologia Blockchain;

• Dare un senso ai suoi impatti sulla finanza islamica e anticipare gli sviluppi futuri; e

• Esplorare e discutere l'utilizzo esistente di Blockchain da parte della finanza islamica.

A. Applicazioni della Blockchain nella finanza islamica

La finanza islamica, come metodo di finanziamento alternativo ed etico, indirizza i finanziamenti verso attività economiche reali orientate all'impatto; utilizza così le risorse economiche e finanziarie per soddisfare i bisogni materiali e sociali di tutti i membri della comunità. I fondamenti principali dei prodotti finanziari islamici sono la sua natura di transazione basata sulle attività, insieme alla sua natura basata sulle azioni di condivisione del rischio e dei profitti. Ognuna di queste categorie di finanziamento ha un ruolo fondamentale da svolgere nell'aumentare l'inclusione finanziaria e le start-up innovative, nonché attrarre capitale potenziale da fornitori e fonti di capitale islamico.

La finanza islamica è l'unico esempio di un sistema finanziario basato direttamente sui precetti etici di una delle principali religioni, fornendo non solo linee guida per gli investimenti, ma anche una serie di prodotti di investimento e finanziamento unici. La finanza islamica si basa sulla *Shari'ah* , la legge islamica che fornisce linee guida per molteplici aspetti della vita musulmana, tra cui religione, politica, economia, banche, affari e aspetti del sistema legale. Ciò che il finanziamento conforme alla *Shari'ah* cerca di fare è modellare pratiche finanziarie e relativi strumenti giuridici conformi alla legge islamica. I principali principi finanziari della Shari'ah includono il divieto di interessi, il divieto di incertezza, l'adesione alla condivisione del rischio e della partecipazione agli utili, la promozione di investimenti etici che migliorano la società e non violano pratiche vietate nel *Corano* e beni materiali- supporto.

La finanza islamica si basa sulla Shari'ah , termine arabo spesso tradotto in "legge islamica". La Shari'ah fornisce linee guida per aspetti della vita musulmana, tra cui religione, politica, economia, banche, affari e diritto. I finanziamenti conformi alla Shari'ah costituiscono pratiche finanziarie conformi alla legge islamica.

Shari'a la finanza conforme è diventata un elemento accettato e vibrante nelle transazioni finanziarie internazionali. Offre una nuova opportunità per enfatizzare gli aspetti morali ed etici degli affari e della finanza che vanno oltre il mondo arabo e islamico per sollecitare un riesame dei valori fondamentali alla base di tutte le transazioni finanziarie globali - mettendo a disposizione le risorse finanziarie necessarie per sviluppare il capitale umano che sosterrà il progresso economico e sociale. I principi fondamentali della finanza islamica includono:

Il divieto di prendere o ricevere interessi;

Il capitale deve avere uno scopo sociale ed etico al di là del puro e illimitato ritorno;

Gli investimenti in imprese che si occupano di alcol, gioco d'azzardo, droghe o qualsiasi altra cosa che la Shari'ah consideri illegale sono ritenuti indesiderabili e proibiti;

Un divieto di transazioni che coinvolgono maysir (speculazione o gioco d'azzardo); e Un divieto di gharar , o incertezza sull'oggetto e sui termini dei contratti - questo include il divieto di vendere qualcosa che non si possiede.

Secondo le proiezioni di Thomson Reuters, le risorse della finanza islamica dovrebbero crescere fino a 3,2 trilioni di dollari entro il 2020. Descrive il potenziale della finanza islamica per sostenere gli SDG fornendo soluzioni di finanziamento innovative. Rispetto al contributo individuale, dare zakat o sadaqah attraverso istituzioni formali, investendo in obbligazioni islamiche, può aumentare il raggio d'azione, mirare alle persone bisognose e fornire una soluzione più strategica e sostenibile. Tuttavia, ci sono diverse sfide, inefficienza, mancanza di trasparenza in termini di come i fondi vengono raccolti, gestiti, distribuiti e le diverse opinioni degli studiosi islamici su come questi dovrebbero essere trattati con le sentenze o fatwa.

Tuttavia, il potere e il potenziale della blockchain e dei contratti intelligenti vengono riconosciuti in tutto lo spettro economico e politico. Anche se le autorità di regolamentazione potrebbero impiegare del tempo per recuperare il ritardo, un'adozione più ampia porterà a una regolamentazione ragionevole.

La finanza islamica e la blockchain sono completamente compatibili tra loro?. La risposta è: una possibilità definita con un avvertimento - definendo il comportamento appropriato. Ovviamente, la domanda NON riguarda se i bitcoin e le criptovalute esistenti siano consentiti dalla Shari'a islamica . Questo problema è lasciato agli studiosi islamici per fornire la risposta appropriata (e del resto, NON è il problema fondamentale su cui dovremmo concentrarci). Le caratteristiche più importanti di Blockchain riguardano : a) È un sistema di transazioni PEER-TO-PEER; b) Si basa su un sistema completamente DISTRIBUITO; e c) è un processo AUTONOMO (AI). La finanza islamica riguarda l'imposizione di comportamenti retti e la blockchain riguarda la "codifica" di tali comportamenti in un sistema completo di intelligenza artificiale, che garantirebbe quindi che tali comportamenti siano rispettati in modo autonomo, senza ulteriori interferenze di un'altra parte. Diventa quindi una piattaforma di "auto-applicazione", "auto-regolazione", "auto-correzione" e "auto-esecuzione". Se tutte le affermazioni di cui sopra sono vere, allora la risposta di "una possibilità definita" sarebbe vera.

Esistono varie applicazioni interessanti della blockchain nella finanza islamica che possono portare diversi benefici:

1. Contratti intelligenti

i contratti intelligenti o automatizzati in blockchain sono un buon modo per garantire che qualsiasi prodotto o servizio sia conforme alla Shariah e consente l'integrazione di qualsiasi termine e condizione contrattuale, sia con il cliente che con la terza parte, nella blockchain.

Per evitare il rapido aumento dei tassi di interesse, le banche islamiche possono farsi aiutare dai contratti intelligenti. Contribuirà a ridurre l'incertezza e le speculazioni. Esistono diversi tipi di contratti disponibili nel finanziamento islamico che aiuteranno nella gestione di accordi di partecipazione agli utili, accordi di agenzia e partnership.

Gli accordi contrattuali sono fattori chiave per il commercio e il commercio che registrano termini reciprocamente concordati per l'esecuzione o la risoluzione delle controversie. I versetti coranici (Surah Al-Baqarah: 282–283) ingiungono ai musulmani di mettere per iscritto contratti per equità e responsabilità. Pertanto, i commercianti musulmani si affidano a un quadro giuridico e istituzionale islamico ai fini della contabilità e della responsabilità, mentre gli studiosi musulmani definiscono le norme legali e agiscono come mediatori nelle controversie commerciali. Il possesso di documenti scritti è vitale per l'efficienza e la trasparenza del commercio e per il monitoraggio degli scambi e degli accordi. La legge islamica è il quadro istituzionale centrale dell'essere musulmano e il suo quadro giuridico intrinseco detta, tra le altre cose, le norme etiche del comportamento aziendale, per formare le fondamenta della fiducia, dell'uguaglianza e dell'equità. Man mano che il mondo si evolve, utilizziamo la tecnologia per rendere operativi gli intenti specifici della Shariah in modo che gli attori economici islamici possano essere esperti in modi più efficienti (e meno rischiosi) di fare affari. La dipendenza da documenti fisici porta a ritardi, inefficienze e aumenta l'esposizione a errori e frodi. Gli intermediari finanziari, pur garantendo l'interoperabilità del sistema finanziario e riducendo i rischi, creano inutili costi generali e aumentano i requisiti di conformità.

Contratti intelligenti, su tecnologie di registro distribuito (blockchain) che hanno la capacità di iniettare maggiore efficienza e produttività risparmiando sui costi associati ai contratti tradizionali. Molte imprese finanziarie stanno esplorando l'uso della tecnologia dei contratti intelligenti per varie applicazioni nei settori bancario, dei servizi finanziari e assicurativo (compreso il takaful) (EY, 2017). A partire da ora, i prototipi sviluppati sono versioni semplificate di un contratto intelligente, ma è necessario lavorare di più in aree chiave, che affronteranno la conformità legale e normativa, la scalabilità e la sicurezza e la capacità di codificare contratti complessi che attualmente dominano il settore finanziario panorama dei servizi.

I contratti intelligenti sono un insieme complesso di codici software con componenti progettati per automatizzare l'esecuzione e il regolamento degli accordi contrattuali. Si tratta, in altre parole, di contratti programmabili che autoeseguono le stipulazioni di un accordo al verificarsi di determinate condizioni. Una volta che due o più parti acconsentono a tutti i termini del contratto, firmano crittograficamente il contratto intelligente e lo distribuiscono in un libro mastro distribuito. Quando viene soddisfatta una condizione specificata nel codice, il programma attiva automaticamente un'azione corrispondente. Eliminando la necessità di un coinvolgimento umano diretto, uno smart contract implementato su un libro mastro distribuito potrebbe rendere le relazioni contrattuali più efficienti ed economiche con potenzialmente minori opportunità di errore, incomprensione, ritardo o controversia.

Come funzionano gli smart contract

Vale la pena notare che il bitcoin è stato il primo a supportare i contratti intelligenti di base, nel senso che la rete può trasferire valore da una persona all'altra. La rete di nodi convaliderà le transazioni solo se vengono soddisfatte determinate condizioni. Ma il bitcoin è limitato al caso d'uso della valuta. Al contrario, ethereum sostituisce il linguaggio più restrittivo di bitcoin (un linguaggio di scripting di un centinaio di script) e lo sostituisce con un linguaggio che consente agli sviluppatori di scrivere i propri programmi. Ethereum consente agli sviluppatori di programmare i propri contratti intelligenti, o "agenti autonomi", come li chiama il white paper di ethereum . Il linguaggio è "Turing-complete", il che significa che supporta un insieme più ampio di istruzioni computazionali. L'idea è che un'entità non avrà più il controllo sulle tue note e che nessuno possa improvvisamente vietare l'app stessa, portando temporaneamente offline tutti i tuoi taccuini. Solo l'utente può apportare modifiche, non qualsiasi altra entità.

In teoria, combina il controllo che le persone avevano sulle proprie informazioni in passato con le informazioni di facile accesso a cui siamo abituati nell'era digitale. Ogni volta che salvi modifiche o aggiungi o elimini note, ogni nodo della rete apporta la modifica.

I contratti intelligenti possono:

Funzionano come account "multi-firma", in modo che i fondi vengano spesi solo quando una percentuale richiesta di persone è d'accordo

Gestisci gli accordi tra utenti, ad esempio, se uno acquista un'assicurazione dall'altro

Fornire utilità ad altri contratti (simile a come funziona una libreria software)

Memorizza informazioni su un'applicazione, ad esempio informazioni sulla registrazione del dominio o record di appartenenza.

Esistono diversi modelli di smart contract in fase di prototipazione oggi, ma la tecnologia di base basata su blockchain utilizza l'infrastruttura di crittografia a chiave pubblica (PKI) per codificare i termini e le condizioni di un contratto. PKI è un metodo di crittografia che utilizza due tipi di chiavi. La prima è una chiave pubblica di cui tutte le parti sono a conoscenza e la seconda è una chiave privata nota solo al suo destinatario. In una transazione di contratto intelligente avviata su una blockchain, il destinatario mittente crittografa il proprio messaggio in un "testo cifrato" illeggibile utilizzando algoritmi o formule matematiche, per proteggere e proteggere i dati. Solo l'uso di una chiave privata può decifrare il "testo cifrato" in un "testo normale" leggibile. Il vantaggio principale che PKI apporta alle transazioni di contratti intelligenti ruota attorno alla sicurezza, poiché è estremamente difficile, se non impossibile, eseguire il reverse engineering di una chiave pubblica in una privata, rendendola molto resistente a guasti o hack.

È fondamentale che le istituzioni finanziarie islamiche vadano oltre le sfide legate al talento e all'innovazione dei contratti intelligenti, creando partnership strategiche con esperti del settore. Per collaborare in modo efficace con l'ecosistema delle startup di contratti intelligenti, è fondamentale che le banche islamiche, i fornitori di servizi finanziari e gli assicuratori sviluppino una comprensione del panorama dei contratti intelligenti. Possono anche concentrarsi sulla concettualizzazione di prodotti e servizi completamente nuovi supportati da contratti intelligenti. È probabile che i migliori risultati derivino da iniziative di collaborazione tra acceleratori, laboratori di innovazione, incubatori o diretti con le stesse startup di smart contract basate su blockchain in tali sforzi di innovazione.

2. Archiviazione cloud

La più grande attrazione della blockchain nel settore bancario islamico è che le banche avranno accesso al cloud storage. Ridurrà tutti i tipi di conflitti e aiuterà i clienti a mantenere le loro partnership. Gli algoritmi matematici crittografici forniranno l'accesso a tutte le informazioni. Memorizzerà tutti i dati importanti a cui possono accedere banche e clienti per evitare qualsiasi problema.

Il modello di dati di archiviazione cloud specifica in che modo i dati digitali vengono archiviati e recuperati su più server in posizioni possibilmente geograficamente diverse e gestiti da un provider di hosting. Il cloud storage utilizza un modello di memoria logica che consente ai provider di archiviare i tuoi dati su più server in posizioni diverse in modo trasparente per te.

Come minimo, l'archiviazione cloud include spazio per una certa quantità di dati e una semplice interfaccia per gestire i file nell'archivio. Spesso ciò comporta la creazione di una cartella speciale sul computer e il monitoraggio dell'attività dei file al suo interno. Dropbox appartiene a questa categoria di cloud storage. L'archiviazione cloud più elaborata include SaaS sofisticato che si integra perfettamente con l'archiviazione cloud back-end. Google Docs offre questo tipo di servizio per Google Drive.

Per quanto ideale possa sembrare inizialmente il cloud storage, ci sono alcuni seri problemi che un'azienda deve considerare:

- Poiché il database non si trova nei locali dell'azienda, la sicurezza diventa una sfida enorme. La società proprietaria dei dati non ha più il controllo completo sulle misure di sicurezza. Deve fare affidamento sul fornitore di servizi cloud per proteggere il database da accessi non autorizzati; deve anche fidarsi implicitamente dei dipendenti del fornitore di servizi.

- L'accesso al database richiede una connessione Internet attiva. A differenza delle architetture in cui il database si trova sulla rete interna dell'azienda, nessuna elaborazione può continuare quando Internet non è disponibile .

- L'azienda proprietaria dei dati deve fare affidamento sul provider di archiviazione cloud per un tempo di attività costante. La responsabilità di garantire che il database sia accessibile non è più dell'azienda; si trova con una terza parte.

Nel complesso, il proprietario dei dati perde una grande quantità di controllo sui dati quando i dati vengono archiviati nel cloud. Più importante è la sicurezza dei dati, più rischioso diventa il cloud storage.

3. Valute digitali

Sono disponibili diversi tipi di valute digitali, ma lo sviluppo della valuta digitale non è così semplice come sembra. Richiede un processo completo per gestire i servizi. Questo è il motivo per cui tali valute hanno vantaggi come una maggiore sicurezza e diversi premi per i minatori.

4. La collezione di zakat

Un altro prodotto finanziario islamico maturo per l'interruzione della blockchain è lo zakat di beneficenza. Blockchain aiuta le persone a sapere dove stanno andando i soldi e a quale scopo. La riscossione della zakat è stata istituzionalizzata in molti paesi musulmani. La promozione, la raccolta e la distribuzione della zakat sono intraprese dalle rispettive autorità religiose secondo i requisiti della sharia. Tuttavia, ci sono diverse sfide, secondo i documenti di ricerca. Includono l'inefficienza, la mancanza di trasparenza in termini di modalità di raccolta, gestione e distribuzione dei fondi, i diversi punti di vista degli studiosi islamici su come dovrebbero essere gestiti e l'estesa burocrazia.

Zakat è il trasferimento della proprietà di una specifica somma di denaro (o proprietà) da qualcuno che soddisfa determinati criteri per l'obbligo della zakat su di lui/lei a qualcuno che se lo merita soddisfacendo determinati criteri. È una forma di carità obbligatoria; e uno dei cinque pilastri dell'Islam. A causa della sua importanza, è menzionato trentadue volte nel Corano. I beneficiari della zakat sono costituiti da otto categorie tra cui poveri e bisognosi. I criteri per i beneficiari della zakat sono ben identificati nella Shariah. (Abojeib & Habib, 2019)

Zakat è un obbligo di beneficenza annuale per i musulmani; questo obbligo è calcolato sulla base di un importo limite dell'indice di vita di base chiamato nisab che rappresenta un indice del tenore di vita di base. Coloro la cui ricchezza netta scende al di sotto di questo limite sono esentati dal pagamento della zakat. Tipicamente, il nisab equivale a tre once d'oro. Le persone che hanno un patrimonio netto superiore al nisab per un anno intero si qualificano come aventi l'obbligo di pagare la zakat.

L'importo della Zakat è calcolato al 2,5% delle attività liquide detenute per almeno un anno intero: oro, argento, contanti, risparmi, investimenti, redditi da locazione, merci commerciali o profitti, azioni, titoli e obbligazioni și qualificano tutti come parte della calcolo. Poiché le criptovalute come Bitcoin si qualificano come attività liquide, i musulmani devono aver cura di includere le loro attività di criptovaluta nel calcolo per il loro obbligo di zakat, nonché di tenere traccia di quanta criptovaluta hanno detenuto per un anno intero, poiché le attività detenute per meno di un anno non devono essere inclusi in questo calcolo.

Blockchain ha reso il processo tracciabile, verificabile e immutabile, tutte qualità essenziali per qualsiasi raccolta di beneficenza di successo. Il servizio è stato ispirato da devoti musulmani che desideravano utilizzare la loro criptovaluta per pagamenti religiosi, ma non avevano punti vendita che li attirassero.

5. Migliorare l'utilità del waqf

Usare la blockchain per migliorare l'utilità di waqf , che in arabo significa dare una sovvenzione a un ente di beneficenza. Curiosamente il concetto di waqf è parallelo a quello di blockchain, in quanto i doni sono immutabili e non sono di proprietà di alcuna entità particolare. In effetti, dovrebbero essere simili al concetto occidentale di "fiducia", ma in nome di Dio.

Waqf è una forma di beneficenza volontaria, permanente e irrevocabilmente dedicata ad Allah (SWT). Waqf può essere in natura, immobilizzazioni o contanti. Il donatore di waqf (waqif) può specificare lo scopo del waqf che può variare da uno generale come aiutare i poveri e i bisognosi a uno molto specifico come aiutare gli orfani malati di cancro. Il waqif ha anche il diritto di specificare le condizioni per il waqf. Vale anche la pena ricordare che il bene o la proprietà del waqf non deve essere venduto o distribuito a enti di beneficenza, piuttosto i benefici o le entrate generate dall'investimento della proprietà del waqf. La proprietà Waqf è considerata di proprietà diretta di Allah, non può essere donata, scambiata o ereditata. (Abojeib & Habib, 2019)

In un lontano passato, questo precetto della Sharia era usato in tutto il mondo musulmano per migliorare le società e ridurre la povertà. Tuttavia, molti Awqaf contemporanei sono mal gestiti e quindi hanno scarso impatto sulla povertà. La chiave per migliorare la fiducia in Awqaf è il buon governo e la trasparenza con le parti interessate.

Finterra è una nuova società che ha annunciato lo sviluppo di una piattaforma di crowdfunding che utilizza blockchain per creare contratti intelligenti legati a specifici progetti waqf. Si spera che ciò possa fornire un modo più efficiente per raccogliere fondi, gestire e trasferire la proprietà del waqf.

La catena Waqf consente ai partecipanti di creare proposte di progetto per sviluppare e rinvigorire le proprietà di dotazione. Altri possono essere coinvolti in queste proposte di progetto contribuendo con fondi. Se gli obiettivi del progetto vengono raggiunti, la proposta di progetto verrà accettata e un certo numero di token di dotazione verrà creato e distribuito ai finanziatori partecipanti. I token possono essere detenuti per ottenere i diritti delle parti interessate e la compartecipazione alle entrate o trasferiti e scambiati nel più ampio ecosistema Finterra (e su altre reti) attraverso il protocollo Inter-Chain Finterra .

6. Catene di approvvigionamento halal efficaci ed efficienti

A livello globale, ci sono quasi 2 miliardi di musulmani su 7,6 miliardi di persone nel mondo. Per motivi religiosi, questo enorme mercato di musulmani cerca consapevolmente fonti affidabili e certificate halal per il loro cibo, cosmetici, cura della casa, prodotti farmaceutici, prodotti quotidiani e prodotti conformi alla Shariah in cui investire. Secondo le statistiche, il valore del mercato globale halal registrato a circa 1,4 trilioni di dollari nel 2017 dovrebbe raggiungere i 2,6 trilioni di dollari nel 2023.

Blockchain – con la sua caratteristica di elevata trasparenza e tracciabilità sarà una buona soluzione per fornire dati affidabili e aumentare la fiducia nelle catene di approvvigionamento halal; aumentare il processo halal senza soluzione di continuità ed efficiente dalla fonte al punto di acquisto del consumatore; migliorare la sostenibilità delle filiere halal; e aumentare la fiducia dei consumatori nei marchi halal; e il riconoscimento globale dei prodotti halal. Le blockchain halal offrono chiari vantaggi a produttori, proprietari di marchi, rivenditori, fornitori di servizi logistici, distributori e organismi di certificazione halal per una migliore fiducia e autenticità.

L'industria alimentare è il luogo in cui la fiducia è la chiave delle sue operazioni. Dagli agricoltori e produttori alle cucine e ai consumatori finali, ogni fase dell'industria alimentare può essere migliorata dalla tecnologia blockchain. Un libro mastro distribuito consente agli utenti di tenere traccia delle origini degli alimenti, della tracciabilità e del controllo di qualità degli alimenti lungo l'intera catena di approvvigionamento. In quanto sistema in grado di integrare i dati di tutte le parti interessate nel libro mastro, la tecnologia blockchain può apportare grandi vantaggi all'industria alimentare. Tuttavia, alcune catene di approvvigionamento richiedono ancora più trasparenza e tracciabilità e una delle aree che possono utilizzare la tecnologia blockchain è il mercato halal globale. Halal - che si riferisce al modo in cui il cibo dovrebbe essere prodotto e preparato secondo la legge islamica - è lo standard alimentare a cui aderiscono i musulmani di tutto il mondo. Inoltre, il cibo halal è considerato più sano e più sostenibile per l'industria alimentare. Negli ultimi anni, con l'aumento della popolarità del cibo halal, molti produttori che non soddisfano gli standard e i requisiti halal hanno tentato di far passare i loro prodotti alimentari come halal.

Una tecnologia che può intervenire per alleviare questo problema è la blockchain, che può offrire un modo trasparente per tenere traccia della provenienza del cibo, dei suoi produttori e dei dati rilevanti che possono garantire l'autenticità del cibo halal nella catena di approvvigionamento. Utilizzando questa tecnologia per garantire gli standard halal, la blockchain aprirà opportunità ai nuovi attori del mercato di offrire i loro prodotti halal ai consumatori di tutto il mondo. L'industria alimentare è destinata a subire enormi cambiamenti una volta implementata la trasformazione digitale in blockchain. Questa nuova tecnologia cambierà il mercato del cibo halal in molti modi, assicurando che tutte le informazioni sul cibo halal, dalla sua origine, alle garanzie di qualità, al percorso della catena di approvvigionamento possano essere raccolte in un libro mastro distribuito trasparente per tutte le parti interessate. Che si tratti del nome del macellaio, dell'azienda di logistica, del supermercato o del ristorante, tutti i dati sul cibo halal possono essere raccolti nella blockchain, consentendo un flusso di comunicazione e complessivamente una maggiore fiducia nella qualità del cibo halal che raggiunge i consumatori. Per i consumatori finali, la tecnologia blockchain consentirà loro di controllare le informazioni del cibo halal utilizzando un'applicazione o un sito Web accessibile dallo smartphone di chiunque.

Le tecnologie basate su blockchain, una volta implementate, dovrebbero essere in grado di generare molte più soluzioni per l'industria alimentare halal globale da 1,4 trilioni di dollari. Il cibo halal è unico rispetto ad altri tipi di cibo, poiché le sue leggi religiose affermano che il cibo halal deve essere preparato e lavorato in determinati modi e non deve mai contenere carne di maiale. Sebbene etichette riconosciute a livello globale come HACCP (analisi dei rischi e punti critici di controllo), GMP (buone pratiche di fabbricazione) e GHP (buone pratiche di igiene) siano state tutte utilizzate nel sistema alimentare halal per garantire che il cibo sia gestito in modo appropriato, la tecnologia blockchain può integrare tutte le informazioni rilevanti e raccoglierle in un libro mastro distribuito che può essere messo a disposizione di tutte le parti interessate. Esistono numerosi requisiti per il cibo halal che la tecnologia blockchain può essere utilizzata per soddisfare. In allevamento, l'animale riceverà un numero di identificazione, che potrà essere memorizzato nel libro mastro per monitorare l'assunzione di cibo e le condizioni di vita. Poi in macelleria si possono aggiungere alla blockchain tutti i documenti relativi alla salute dell'animale e vari timestamp , al fine di determinare il taglio di carne dell'animale, il modo in cui la carne è stata lavorata e verificare che la carne sia halal, secondo le leggi religiose. Nel sistema, per garantire che la carne halal sia conforme agli standard, la carne può anche essere testata con un sensore del DNA dopo essere stata lavorata, quindi monitorata con un imballaggio intelligente in grado di tracciare la logistica del prodotto dalla fabbrica al supermercato o al ristorante.

I sensori, così come gli imballaggi intelligenti nella filiera, possono anche essere sviluppati per inviare immediatamente informazioni alla blockchain per tenere traccia del prodotto halal. Inoltre, i dati ambientali dalle posizioni ai controlli personalizzati possono anche essere archiviati nel sistema blockchain.

l'Universiti Malaysia Pahang di Kuantan (Malesia) si è tenuto un grande gruppo di discussione sulle blockchain halal con i capitani d'industria organizzato dalla Faculty of Industrial Management. Questo ampio gruppo di discussione ha dimostrato che le catene di approvvigionamento halal hanno problemi o difetti intrinseci, in particolare nella (1) tracciabilità (capacità di verificare l'ubicazione di un prodotto) e nell'organizzazione dei richiami del prodotto; (2) conformità al trasporto e allo stoccaggio (stoccaggio) a valle della catena di approvvigionamento in conformità ai requisiti halal; (3) integrità della catena end-to-end (catena ininterrotta): dalla fonte al punto di acquisto del consumatore; (4) diversi sistemi halal e interpretazioni di diversi mercati; e (5) mancanza di integrazione dei sistemi informatici. Questi problemi richiedono un approccio radicalmente diverso al modo in cui vengono orchestrate le catene di approvvigionamento halal. Le blockchain halal hanno il potenziale per risolvere tutti i problemi del settore halal di cui sopra!

Blockchain è già chiamata la quarta rivoluzione industriale. È un libro mastro pubblico digitale contenente blocchi di dati a stringa con informazioni, simili al nostro DNA. Non è memorizzato da qualche parte centralmente, ma distribuito su molti server in tutto il mondo. Le blockchain sono crittografate e sincronizzate automaticamente nelle blockchain distribuite e le rendono un libro mastro pubblico affidabile che tutti possono ispezionare, ma nessun singolo utente controlla. Una blockchain halal è un libro mastro digitale di tutte le transazioni della catena di approvvigionamento halal che siano mai state eseguite. È in costante crescita man mano che i blocchi "completati" vengono aggiunti ad esso con una nuova serie di registrazioni. I blocchi vengono aggiunti alla blockchain in un ordine cronologico lineare. Ogni nodo nella rete della catena di approvvigionamento halal riceve una copia della blockchain, che viene scaricata automaticamente quando si unisce alla rete della catena di approvvigionamento halal. La blockchain halal ha informazioni complete sugli indirizzi e sul loro percorso della catena di approvvigionamento, dalla fonte al punto di acquisto del consumatore. Poiché il database blockchain halal è condiviso da tutti i nodi che partecipano a una rete di filiera halal, le informazioni vengono facilmente verificate semplicemente scansionando il codice QR (un codice a barre bidimensionale) su un prodotto. Le blockchain pre-programmano i requisiti halal per il mercato di destinazione, i termini di gestione dei terminali di stoccaggio-trasporto-trasporto halal, la codifica di halal sui documenti di trasporto e molti altri. In una blockchain puoi facilmente identificare le parti che hanno commesso frodi, poiché questo rimane visibile. Ciò scoraggia l'industria a commettere frodi nelle catene di approvvigionamento halal. Le blockchain halal offrono chiari vantaggi a produttori, proprietari di marchi, rivenditori, fornitori di servizi logistici, distributori e organismi di certificazione halal. Per una maggiore fiducia e autenticità dei marchi halal del paese, gli organismi di certificazione halal dovrebbero abbracciare questa nuova tecnologia per supportare l'industria halal in caso di problemi halal o, peggio, di crisi halal. Dovrebbero supportare la certificazione halal di fornitori di servizi logistici, distributori e rivenditori al fine di facilitare una maggiore conformità nel trasporto e nello stoccaggio a valle della catena di approvvigionamento. L'armonizzazione e la standardizzazione degli standard della catena di approvvigionamento halal in diverse giurisdizioni sono essenziali nei prossimi anni per supportare meglio le industrie halal e le loro catene di approvvigionamento globali.

Allo stesso tempo , consente di valutare i fornitori di servizi di logistica halal in base alle prestazioni dei loro servizi. Catene di approvvigionamento halal robuste, efficaci ed efficienti sono possibili solo con una collaborazione più intensa tra le aziende della catena di approvvigionamento. La tecnologia blockchain consente alle reti halal di utilizzare al meglio le risorse halal disponibili, come magazzini e centri di distribuzione halal, trasporti e container halal e terminali marittimi e aerei conformi alla normativa halal. In questo momento vediamo che i proprietari di marchi hanno difficoltà ad affrontare problemi halal e una crisi halal, poiché dipendono fortemente dalla velocità dell'ente di certificazione halal per verificare possibili reclami di una violazione dell'integrità halal. Poiché questa verifica potrebbe richiedere una settimana, il danno è già fatto. Le blockchain consentono una verifica istantanea in modo trasparente e un efficace isolamento del problema. La tecnologia blockchain migliora la condivisione delle informazioni nella situazione protetta attraverso l'intera catena di approvvigionamento. I dati archiviati sulla blockchain pubblica sono accessibili a tutti e non possono essere manomessi. Pertanto, aumenta la fiducia, la sicurezza e la trasparenza nella catena di approvvigionamento halal

Con tutti i dati archiviati nel libro mastro distribuito, è disponibile per tutte le parti interessate, compreso il consumatore che può accedere alle informazioni tramite un sito Web o un'applicazione mobile. Per i governi, la blockchain può offrire soluzioni relative ai controlli sulle importazioni di prodotti halal, che innalzeranno gli standard di conformità normativa.

Una volta che le informazioni vengono inviate alla blockchain dai diversi fornitori lungo la catena di approvvigionamento, possono essere monitorate per altri scopi, come scopi legali e fiscali. Le aziende possono anche beneficiare della tecnologia blockchain, poiché le relazioni B2B (Business to Business) e B2C (Business to Consumer) saranno migliorate con maggiore trasparenza e garanzia di autenticità. I consumatori di cibo halal saranno più sicuri che con un semplice codice QR che può essere scansionato utilizzando applicazioni mobili, saranno in grado di tracciare le origini e le modalità di produzione del prodotto alimentare. In definitiva, la tecnologia blockchain può offrire una piattaforma a tutti gli attori della catena di approvvigionamento alimentare halal per dimostrare la propria trasparenza e responsabilità nei confronti dei propri prodotti. Con la continua crescita del mercato halal, la blockchain può offrire una soluzione migliore che garantirà prodotti halal di alta qualità per tutti i consumatori.

che dire della sua applicazione nel mondo musulmano o più direttamente nell'economia halal? Figura sotto, adattando il quadro dell'agente principale per l'interazione tra un produttore di alimenti halal che ha bisogno di stabilire la fiducia nel suo prodotto assicurandosi un logo halal (dal ministero/ente governativo halal). Stiamo descrivendo le varie parti coinvolte prima dell'acquirente al dettaglio Halal (HRB) che alla fine acquista un prodotto alimentare. Lungo la catena delle interazioni ci sono vari obblighi contrattuali prima che l'HRB effettui un acquisto che è guidato da un solo fattore: il logo Halal, il logo di fiducia. L'HRB parte dal presupposto intrinseco che tutto l'adempimento contrattuale sia avvenuto.

Caso d'uso: Blockchain nel settore alimentare halal

La blockchain è la pallottola d'argento per tutti i problemi che potrebbero esistere nel settore? In che modo la blockchain risolve questo problema? Considera la figura seguente in cui è rappresentata una potenziale soluzione blockchain per affrontare il problema dell'asimmetria delle informazioni. Lo fa consentendo all'acquirente finale di verificare che l'intera catena del valore sia conforme ai requisiti islamici e limiti la quantità di potenziali frodi. Supponiamo che un produttore abbia completato il processo di produzione del cibo halal, ad esempio manzo, ed è ora pronto per la consegna al mercato. Prima della transazione fisica o della spedizione del prodotto, il produttore eseguirà determinate misure di conformità e autenticazione Halal (ad es Halalticate) nell'ambito della due diligence.

Solo dopo tale due diligence il prodotto sarà idoneo per il logo Halal, che è un segno di fiducia che segnala al consumatore al dettaglio che il prodotto è buono e pronto per il consumo.

Tuttavia, il processo è ancora contaminato da un pizzico di asimmetria informativa e rischi, che lasciano il consumatore dubbioso se non sgomento. Tali rischi possono essere gestiti adottando uno dei due metodi presentati nel quadro principale-agente: screening e segnalazione.

L'applicazione del metodo di screening consente al consumatore di verificare l'autenticità dei prodotti in modo tale da garantire genuinità e soddisfazione. È qui che la tecnologia blockchain torna utile in quanto offre la possibilità di una traccia dettagliata della carne bovina e consente a chiunque di rintracciarla

movimento della carne bovina, dal pascolo al mattatoio e giù fino al venditore al dettaglio.

La segnalazione arriva dal produttore - il segnale critico è che hanno il cibo certificato tramite l'appropriato HM. Ancora una volta, la tecnologia blockchain è molto adatta per proteggere e preservare tali segnali, rendendoli a prova di manomissione per il pubblico in generale. La combinazione di entrambi i metodi in un'unica piattaforma e il potenziamento della sua applicazione utilizzando la tecnologia blockchain fornirà la fiducia necessaria nella transazione ed eliminerà il problema dell'asimmetria informativa e il rischio associato.

Considera una semplice illustrazione qui sotto:

1. Il produttore di alimenti Halal carica i dettagli del prodotto insieme alla certificazione della rispettiva autorità di emissione su una piattaforma blockchain, Halalticate ;

2. La piattaforma registra il prodotto e genera un'impronta digitale immutabile utilizzando la descrizione del prodotto e i dettagli Halal nel suo database blockchain. Le impronte digitali saranno sotto forma di ID univoci in varie forme (codice alfanumerico, insieme a pattern sicuro, codice QR, codice a barre o collegamenti brevi) per un singolo prodotto, lotto o categoria;

3. Il produttore allega gli ID univoci all'etichetta del prodotto e avvia la spedizione.

D'altra parte, il cliente Halal che sta per acquistare il prodotto verificherà l'autenticità del prodotto nei seguenti passaggi:

1. Il cliente cerca gli ID univoci (Halal) del prodotto;

2. Il Cliente invia almeno uno degli ID univoci alla piattaforma Halalticate per la verifica utilizzando un dispositivo mobile tramite SMS, scansione QR o funzione NFC;

3. Il cliente riceve un report istantaneo e un audit trail sul prodotto (con descrizione dettagliata del prodotto e dettagli Halal).

7. Flusso delle transazioni di rimessa tramite criptovaluta e blockchain

La necessità del giorno è sfruttare la natura aperta della tecnologia blockchain per innovare i modelli di rimessa e fornire una migliore esperienza utente. Non c'è dubbio che la blockchain sia una tecnologia dirompente che cambierà radicalmente le rimesse e i pagamenti, così come molti altri settori, incluso quello bancario. I primi a utilizzare la blockchain per rimesse e pagamenti sono stati finora limitati a pochi, specialmente nella finanza islamica. Quindi offre opportunità illimitate per le banche islamiche di abbracciarlo.

Le banche islamiche a livello globale stanno abbracciando la digitalizzazione dei servizi bancari per ottenere accuratezza, sicurezza, velocità di elaborazione e tariffe di elaborazione più economiche per le rimesse, ad esempio peer-to-peer (P2P), business-to-business (B2B), business-to-individual (B2I) e transazioni di e-commerce. L'obiettivo è raggiungere un ecosistema di rimesse e intermediari di pagamento a basso costo utilizzando la tecnologia blockchain aperta e trasparente.

Le rimesse come trasferimento di fondi tra pari attraverso le frontiere sono economicamente significative per molti dei paesi che le ricevono. Le rimesse globali sono cresciute del 7% a 613 miliardi di dollari nel 2017, da 573 miliardi di dollari nel 2016 e si prevede che crescano del 4,6% a 642 miliardi di dollari nel 2018. Svolgono un ruolo importante nella crescita e nel sostentamento delle famiglie immigrate e sono anche un importante contributo verso PIL, in particolare per lo sviluppo dei paesi sottosviluppati. Il principale motore alla base della crescita delle rimesse globali transfrontaliere è l'aumento delle popolazioni immigrate a livello globale alla ricerca di un'occupazione migliore e guadagni più elevati, cosa che potrebbe non essere possibile nel loro luogo di origine. La rimessa più popolare è quella peer-to-peer (P2P) o anche nota come pagamenti "da persona a persona" che consente il trasferimento di denaro ad amici o familiari, nazionali o transfrontalieri, che ha un valore relativamente basso e sono di natura ricorrente.

Il tradizionale modello di rimessa si sta evolvendo con il progresso della tecnologia basata sulla blockchain. La tecnologia blockchain facilita l'uso di risorse digitali come la criptovaluta per elaborare i pagamenti utilizzando un unico libro mastro elettronico condiviso protetto.

Blockchain consente la digitalizzazione delle informazioni archiviate in database trasparenti e decentralizzati con rete peer-to-peer, che è completamente protetta e protetta da cancellazione, manomissione e modifica. Blockchain è una forma di libro mastro di record o transazioni disposti in sequenza che viene definita come blocchi e sono collegati tramite convalida crittografica. Ogni blocco viene referenziato e identificato utilizzando il blocco precedente da una funzione di hashing, che forma una catena ininterrotta e si forma una blockchain.

Questa caratteristica unica della tecnologia blockchain elimina gharar (incertezza) e rende conveniente l'elaborazione delle transazioni (commissioni basse – ujr) e facilita l'inclusione finanziaria per i lavoratori migranti non bancari che hanno bisogno di rimettere denaro alla loro famiglia nel loro paese d'origine. Un altro vantaggio è l'impenetrabilità, che rende difficile scendere a compromessi poiché tutto viene tracciato su un libro mastro che impedisce alle persone di falsificarlo o creare dati falsi. Blockchain rafforza l'ecosistema dei pagamenti offrendo opportunità illimitate nell'utilizzo di risorse digitali, pagamenti, rimesse e implementazione di contratti intelligenti.

Un altro vantaggio è l'impenetrabilità, che rende difficile scendere a compromessi poiché tutto viene tracciato su un libro mastro che impedisce alle persone di falsificarlo o creare dati falsi. Blockchain rafforza l'ecosistema dei pagamenti offrendo opportunità illimitate nell'utilizzo di risorse digitali, pagamenti, rimesse e implementazione di contratti intelligenti.

La rimessa basata su blockchain elaborerà le rimesse in modo più efficiente e accurato riducendo i costi di elaborazione delle transazioni. La rimessa basata su blockchain garantisce che le transazioni siano trasparenti e accettabili tra le parti e promuove la fiducia con il suo metodo di elaborazione sicuro, che rispetta anche i principi della Shariah e soddisfa gli obiettivi della finanza islamica. Sono in corso dibattiti sull'accettazione della criptovaluta ai sensi della Shariah (legge islamica) come mezzo di scambio. Tuttavia, le banche islamiche stanno adottando la tecnologia blockchain per migliorare i servizi finanziari. Ci sono state iniziative da parte della banca Al Rajhi per adottare l'ecosistema di Ripple per rimesse e pagamenti. Ciò dimostra che il livello di accettazione è in aumento tra le banche islamiche. La tecnologia blockchain si sta diffondendo nell'intero ecosistema finanziario globale e i primi utenti avranno un vantaggio maggiore. Le banche islamiche devono essere preparate poiché le società fintech hanno già avviato l'interruzione e l'accettazione a livello di consumatori è in aumento.

8. Takaful (assicurazione islamica)

Spostando le richieste di risarcimento su un libro mastro immutabile, la blockchain può aiutare a eliminare le fonti comuni di frode nel settore assicurativo. Un libro mastro condiviso e polizze assicurative eseguite tramite contratti intelligenti possono apportare un miglioramento dell'efficienza dell'ordine di grandezza alle assicurazioni contro i danni e contro i danni. Attraverso la blockchain, le cartelle cliniche possono essere protette crittograficamente e condivise tra gli operatori sanitari, aumentando l'interoperabilità nell'ecosistema delle assicurazioni sanitarie. Garantendo contratti di riassicurazione sulla blockchain tramite contratti intelligenti, la blockchain può semplificare il flusso di informazioni e pagamenti tra assicuratori e riassicuratori.

– Elaborazione automatizzata dei sinistri in assicurazioni commerciali, assicurazioni auto, ecc.

Contratti intelligenti che riuniscono assicuratori, clienti e terze parti su un'unica piattaforma porteranno a efficienze di processo e riduzione dei tempi e dei costi di elaborazione dei sinistri.

– Nuovi prodotti come l'assicurazione peer-to-peer/takaful.

Si può stimare che la migrazione dei contratti tradizionali a contratti intelligenti farà risparmiare miliardi di dollari nei mercati globali della finanza islamica. Sono davvero significativi, ma non mancano sfide da superare, ma sarà possibile con la determinazione e le risorse per farlo.

In quanto sezione di nicchia del settore assicurativo, il segmento takaful risente in modo significativo delle interruzioni che si verificano all'interno del settore assicurativo. Il mercato assicurativo globale ha avuto un tasso di crescita ragionevole, con tassi di crescita dei premi reali globali del 2,9% nelle economie avanzate e del 7,4% nei paesi emergenti e in via di sviluppo nel 2014, in miglioramento rispetto ai tassi del 2012 e del 2013. Allo stesso modo, ha dimostrato il tasso di crescita dei contributi lordi nel settore takaful

una ripresa nel 2014 rispetto al 2013, quando il tasso di crescita dei premi era di gran lunga il più basso storicamente. I rinvigoriti contributi lordi del settore takaful hanno raggiunto i 22,1 miliardi di dollari nel 2014, rispetto ai soli 5 miliardi di dollari circa nel 2006. Nel 2016 il mercato assicurativo globale ha registrato tassi di crescita costanti, sostenuti principalmente dai mercati emergenti. I premi danni nell'Asia emergente sono aumentati a un tasso del 7,3% nel 2016, dopo una forte crescita del 9% nel 2015.

I contratti intelligenti implementati attraverso la blockchain forniranno ai clienti e alle compagnie di takaful (assicurazioni) un sistema per gestire i sinistri in modo trasparente, rapido e indiscutibile. Le politiche di

Takaful, insieme ai suoi termini e condizioni, e le potenziali affermazioni possono essere registrate sulla blockchain e convalidate dalla rete, assicurando che le affermazioni valide vengano dispensate e le affermazioni false vengano respinte. Ad esempio, la blockchain rifiuterà più reclami per un incidente perché la rete saprebbe che è già stato presentato un reclamo. I contratti intelligenti elaborerebbero anche le richieste in modo efficiente attivando automaticamente i pagamenti quando determinate condizioni sono soddisfatte e convalidate. Per rilevare in modo più efficace frodi di identità, segnalazioni di danni o lesioni falsificate, ecc., la blockchain può essere utilizzata come registro distribuito intersettoriale con dati esterni e dati dei clienti per:

– Confermare l'autenticità, la proprietà e l'origine dei beni, nonché la legittimità dei documenti (ad esempio, referti medici)

– Verificare la presenza di rapporti di polizia che indichino furti, reclami precedenti nonché l'identità verificata di una persona ed esporre modelli di inganno relativi a una persona o identità

– Prova della data e dell'ora di emissione della polizza o acquisto di un prodotto/asset

– Convalidare la proprietà e le modifiche al sito

Tuttavia, per ottenere da queste applicazioni tutti i vantaggi specifici della blockchain al di sopra di quanto è possibile ottenere con le soluzioni tradizionali e altri tipi di cooperazione attuali, ad esempio tramite le associazioni di settore, è necessaria un'ampia cooperazione tra assicuratori, clienti, produttori e altre parti interessate. Questo è un esempio di un ecosistema che cresce oltre la tradizionale pratica del settore nell'economia della condivisione dell'era digitale.

9. Sukuk intelligente

La struttura Smart Sukuk è una delle strutture più recenti e significative per le future emissioni di sukuk. Nell'era del finanziamento affollato e del miglioramento della tecnologia finanziaria, Smart

Sukuk sembra essere il futuro della raccolta fondi islamica per infrastrutture e sviluppi commerciali.

Lo Smart Sukuk ha caratteristiche diverse dal sukuk convenzionale; è ovvio che i mercati dei sukuk sono i più favorevoli nella finanza islamica. Tuttavia, è anche chiaro che è abitualmente emesso da potenti istituzioni e agenzie governative, quindi i sukuk diventano molto costosi in termini di emissioni. La struttura smart sukuk ha cercato di utilizzare la tecnologia blockchain e aumentare l'efficienza, la trasparenza, ridurre i costi e consentire alle piccole e medie imprese, ai progetti di impatto sociale, ai gruppi e alle associazioni di emettere il proprio sukuk utilizzando la nuova tecnologia. La prima innovazione mondiale nello smart sukuk introdotta da blossom finance, la struttura ha cercato di cambiare le modalità convenzionali di emissione di sukuk utilizzando la blockchain. Il sukuk intelligente del fiore utilizza contratti intelligenti blockchain di Ethereum in altri per rafforzare l'efficienza e renderlo un sukuk accettabile a livello globale. Il significato principale di Smart Sukuk è la standardizzazione e l'automazione dei pagamenti contabili, legali e generali delle offerte di sukuk convenzionali, tutti questi saranno completamente supportati da un'entità legale autorizzata nel paese di emissione.

In termini di commissioni, il prodotto Smart Sukuk di Blossom non addebiterà alcuna commissione o costo anticipato alle istituzioni o agli investitori, come avviene normalmente nel sukuk convenzionale. Piuttosto, l'emittente o Blossom prenderà una quota del 20% dei profitti dell'investitore chiamata interesse sul capitale trasportato. Ciò significa che Blossom fa soldi solo se gli investitori fanno soldi, e Blossom potrebbe perdere se gli investitori non riescono a realizzare alcun profitto nell'affare, e questo è esattamente il sistema islamico di condivisione dei profitti e perde collettivamente.

A differenza delle obbligazioni convenzionali - che sono basate sul debito con un pagamento di interessi - un sukuk è una struttura di finanziamento conforme alla shariah tipicamente basata su un pagamento di partecipazione agli utili o sulla proprietà di un bene. Il Sukuk è cartolarizzato, il che significa che è negoziabile sui mercati secondari proprio come un'azione può essere negoziata in una borsa valori. Islamic Finance vieta il pagamento degli interessi sui prestiti e la vendita del debito; i mercati dei sukuk si sono evoluti come un modo per cartolarizzare modalità di finanziamento islamiche come la partecipazione agli utili. Il sukuk è stato un approccio popolare per i governi che cercavano di finanziare progetti infrastrutturali, ma la complessità legale e il costo complessivo dell'emissione del sukuk lo hanno tenuto fuori dalla portata della maggior parte dei clienti istituzionali. A seconda delle particolari esigenze di un'istituzione, ci sono una varietà di strutture sukuk basate su vari contratti conformi alla Shariah: partecipazione agli utili (sukuk al- mudaraba), acquisto con consegna differita (sukuk al- salam), locazione di un bene (sukuk al-ijara) , joint venture (sukuk al-musharaka), sukuk al- istisnah (basato su progetto) e acquisto di beni a costo maggiorato (sukuk al- murabaha). Una notevole differenza tra obbligazioni e sukuk può essere vista in caso di default: i detentori di obbligazioni rimangono con un debito inesigibile, ma i detentori di sukuk rimangono con un bene prezioso.

Attualmente, molte istituzioni che cercano di raccogliere fondi in modo conforme alla Shariah trovano una mancanza di opzioni e queste istituzioni trovano l'unico finanziamento disponibile è un prestito convenzionale da una banca commerciale. I prestiti con interessi sono vietati nella Shariah e quindi vietati nella finanza islamica. Sukuk è emerso come un metodo conforme alla Shariah per le istituzioni per raccogliere fondi, ma spesso ha una complessità legale e operativa molto maggiore rispetto a un prestito convenzionale.

Agli investitori in un sukuk viene emessa una quota di proprietà, che rappresenta la loro proprietà frazionata nell'attività o nella struttura sottostante con i termini della proprietà del sukuk. I possessori di sukuk ricevono pagamenti periodici dall'istituto di raccolta fondi. Gli investitori possono detenere un sukuk fino alla scadenza, oppure possono vendere la loro proprietà nel sukuk a terzi. Questa successiva vendita a terzi è nota come "negoziazione secondaria" ed è ciò che distingue un sukuk come attività "cartolarizzata".

Lo Smart Sukuk di Blossom funziona sulla blockchain di Ethereum, che supporta i "contratti intelligenti". Uno smart contract codifica le regole aziendali direttamente nella stessa valuta di pagamento sottostante: la blockchain stessa applica le regole del contratto relative ai pagamenti e al trasferimento di proprietà.

Gli Smart Sukuk Token supportano un protocollo standard del settore, chiamato ERC20. Lo standard consente ai token di essere scambiati a livello globale su una varietà di scambi pubblici di criptovaluta. Un'istituzione che cerca di raccogliere fondi può emettere lo Smart Sukuk di Blossom, che raccoglie fondi dagli investitori in cambio di token Smart Sukuk che rappresentano una parte di proprietà del sukuk. Quando l'istituto effettua i pagamenti, i fondi vengono automaticamente distribuiti ai possessori di Smart Sukuk Token tramite la blockchain secondo le regole dello smart contract, senza la necessità di banche o intermediari convenzionali.

B. Blockchain per la finanza islamica: ostacoli e sfide

L'elenco delle sfide che devono affrontare l'applicazione di Blockchain per la finanza islamica è lungo. Ci sono sfide tecniche, commerciali/di mercato, legali/normative e comportamentali/educative per l'evoluzione della blockchain. Alcune delle sfide più importanti includono la scalabilità (tecnica), l'innovazione (business), la fiducia in una rete (comportamentale) e la regolamentazione moderna (legale). Comprendere i compromessi e le scelte sagge che coinvolgono database e blockchain è una competenza chiave che deve essere perfezionata. Inizia con una chiara comprensione dei punti di forza e di debolezza di ciascun approccio. Trovare il giusto equilibrio tra ciò in cui una blockchain è particolarmente brava e sposare i vantaggi derivati con database back-end o applicazioni esistenti fa parte della magia che devi cercare continuamente. Stiamo ancora imparando quali sono questi confini e, come il pendolo, potremmo oscillare eccessivamente verso un lato, poi verso un altro prima di trovare una via di mezzo. Insieme a questo argomento c'è il problema dell'archiviazione dei dati blockchain per i requisiti di reportistica transazionale, storica, analitica e di conformità. Ecco alcune delle principali sfide che devono affrontare l'applicazione di Blockchain per la finanza islamica:

1. Interferenze del governo

Prendendo di mira principalmente Bitcoin, diversi governi non si sentivano a proprio agio con una valuta che non era sostenuta dalle istituzioni di un paese sovrano. Alcuni paesi e banche centrali hanno emesso avvertimenti ufficiali contro l'utilizzo di Bitcoin durante i suoi primi anni, tra cui Russia, Cina e Unione Europea. Le blockchain non sono Bitcoin, ma consentono la creazione e la distribuzione di criptovalute, nonché asset con valore reale. Le operazioni delle blockchain continueranno a essere oggetto di controllo da parte del governo fino a quando i politici e i responsabili politici non si sentiranno più a loro agio con il loro utilizzo.

I governi possono inviare segnali sbagliati al mercato, ai responsabili politici e alle forze dell'ordine, che in genere sono loro delegati. Inoltre, le pesanti azioni del governo rischiano di mandare in corto circuito la leadership del settore privato nella tecnologia blockchain, che è nota per dare i frutti dell'innovazione. Naturalmente, la regolamentazione del governo può essere applicabile per la protezione dei consumatori e alcuni altri livelli di standard, ma l'interferenza precoce generalmente non sarà utile. La conformità è un'attività importante, soprattutto per i fornitori di servizi finanziari che spendono miliardi di dollari all'anno, al fine di rimanere aggiornati sulle ultime leggi e normative. Le prime piattaforme blockchain erano focalizzate sulle transazioni e non sui rapporti. Tuttavia, queste piattaforme avranno bisogno di migliori capacità di tassazione e rendicontazione in modo che la loro produzione possa essere inserita nei sistemi contabili tradizionali. Ci saranno soluzioni che affronteranno questo settore.

La conformità e la non conformità sono entrambe costose e rappresentano spese generali che intaccano i margini di profitto. Alcune aree in cui la conformità potrebbe offrire scoperte potrebbero includere:

- Accettare token supportati da criptovaluta come valore reale.
- Riconoscere la finalità delle transazioni che sono passate attraverso una blockchain.
- Consentire i necessari collegamenti legali ai contratti intelligenti.
- Consentire convalide di controparti peer-to-peer tramite la blockchain.

2. Infrastruttura dell'ecosistema sottosviluppata

Come punto di partenza, ogni blockchain ha bisogno della propria infrastruttura tecnologica, nonché di un vivace ecosistema attorno ad essa, con un numero di partecipanti che la supporti. Dal punto di vista tecnologico, il protocollo stesso è un requisito minimo e, sebbene debba essere integrato da strumenti e servizi software per renderlo utile, è l'ecosistema di attori attorno alla tecnologia che influenza direttamente l'avanzamento del mercato di una blockchain. Senza adozione, l'impatto è minimo. Un vivace ecosistema include una varietà di attori in ciascuno dei seguenti segmenti:

- Stack tecnologico completo, inclusi infrastruttura, middleware e applicazioni software.
- Startup che innovano creando nuovi prodotti e forgiando nuovi mercati.
- Fornitori di soluzioni e servizi che forniscono implementazione end-to-end per le aziende.
- Finanziatori e capitale di rischio che corrono rischi insieme agli imprenditori e agli scienziati
- Sostenitori, influencer, analisti, volontari, sostenitori, comunità locali.
- Sviluppatori e tecnologi che lavorano su elementi tecnologici di base ed estesi
- Utenti condizionati a provare i prodotti, sia come consumatori che come clienti aziendali.

Ci vuole tempo prima che emergano nuove applicazioni quando la nuova tecnologia di base entra in scena. Tuttavia, la replica è un buon primo passo, perché consente di acquisire esperienza quando le aspettative sono inferiori. Considerato come un caso estremo, praticamente qualsiasi applicazione software potrebbe essere riscritta con un po' di blockchain e decentralizzazione, ma ciò non significa che sia una buona idea farlo. Alcune blockchain come Ethereum hanno una simile capacità di "macchina virtuale", che consente ai programmi di essere eseguiti sulla blockchain senza richiedere agli sviluppatori di essere a conoscenza dell'architettura intrinseca del computer. Un'altra critica alla blockchain è la mancanza delle cosiddette "app killer" che dovrebbero illuminare l'utilizzo esponenziale tra i consumatori. Ci aspetteremo sicuramente applicazioni visibili come segnali per gli altri, ma c'è un altro punto di vista a sostegno del caso di diverse app killer, non solo di una. Inoltre, la mancanza di una comprensione completa delle capacità di base che circondano la blockchain scoraggerà qualsiasi dirigente intelligente dal vedere la pienezza del suo valore potenziale. Questa sfida sarà risolta solo attraverso uno sforzo concertato per essere istruiti sulla blockchain e sul suo potenziale.

3. Regolamento poco chiaro

Finché la posizione dei regolatori non sarà chiarita, la confusione e l'incertezza continueranno a esistere per tutti coloro che sono coinvolti nello spazio blockchain. La blockchain è una tecnologia di successo che interessa così tante aree, ed è probabile che diversi tipi di regolamentazione arriveranno da una varietà di direzioni. Un cambio di paradigma fondamentale con cui le autorità di regolamentazione dovranno fare i conti è che la fiducia è ora più aperta e "libera dai controlli centrali" che in genere regolavano. La natura della fiducia sta cambiando, ma le autorità di regolamentazione sono abituate a regolamentare i "fornitori di fiducia". Impareranno ad adattarsi quando il fornitore di fiducia è una blockchain o un nuovo tipo di intermediario che non si adattava al precedente modello di regolazione del punto di strozzatura centrale? Nello specifico, la blockchain è decentralizzata per impostazione predefinita, quindi è più difficile regolamentare le entità decentralizzate rispetto a quelle centrali. Pertanto, dovremo vedere l'innovazione nelle normative. Forse i blockchain possono essere certificati per esempio.

In generale, le autorità di regolamentazione e i responsabili politici reagiscono in tre modi diversi di fronte alle nuove tecnologie:

1. Non fare nulla e lasciare che il mercato maturi ed evolva da solo.

2. Controllare i punti di strozzatura. Ad esempio, questi punti di strozzatura potrebbero essere gli scambi di criptovaluta o i fornitori di software a cui sarà richiesto di ottenere la licenza.

3. Inserire il regolamento automatico nel punto di transazione o da qualche parte durante il suo viaggio. Ciò potrebbe comportare lo spazio per la disponibilità della segnalazione diretta dei dati tramite una backdoor, un tubo di scarico delle informazioni o una detrazione diretta su una transazione.

4. Sicurezza, privacy e mancanza di standard

Il problema della sicurezza blockchain sarà eterno. Ci stiamo ancora abituando alla finalità della transazione per consenso (non importa quale sia la forma del consenso), invece di un "database commit" che è un metodo più deterministico. Le grandi organizzazioni, in particolare le banche, non sono state particolarmente interessate all'adozione di blockchain pubbliche per le loro esigenze interne, citando potenziali problemi di sicurezza. L'argomentazione tecnica contro la piena sicurezza delle blockchain pubbliche può essere facilmente avanzata nel momento in cui si introduce un'ombra di dubbio su un potenziale scenario che potrebbe provocare il caos con la finalità di una transazione. Questa da sola è una paura sufficiente per costituire un fattore deterrente per stare lontano dalla blockchain pubblica, anche se l'argomentazione potrebbe essere avanzata a favore della loro sicurezza. In una blockchain pubblica, la modalità predefinita per la visibilità di qualsiasi transazione è l'apertura e la trasparenza. Ciò significa che chiunque può tracciare il percorso di una transazione, compreso il valore che detiene e il suo indirizzo di origine e di destinazione. Quel livello di trasparenza non è stato un punto di partenza nelle implementazioni di blockchain private. Tuttavia, ora è possibile ottenere la riservatezza nelle transazioni crittografando i valori ed è anche possibile nascondere le identità tramite schemi di prova a conoscenza zero. Gli scettici della blockchain potrebbero pensare: ci fidiamo già l'uno dell'altro e abbiamo istituzioni secolari che eseguono quel tipo di fiducia, quindi perché dobbiamo riporre fiducia all'interno di una rete?

Affidarsi a una rete di computer che eseguono calcoli matematici anziché a una parte "nota e fidata" che puoi vedere richiede un nuovo paradigma mentale a cui non siamo abituati. Alla fine, faremo i conti con il fatto che la fiducia è nella rete, ed è una nuova forma di fiducia. Ricordiamo che durante i primi anni del Web (1994-1998) i pagamenti su Internet non erano completamente affidabili, almeno non da parte delle banche. Abbiamo dovuto passare attraverso speciali "gateway di pagamento" impostati appositamente per svolgere quella funzione di fiducia, dissociandoli dai sistemi bancari che non volevano toccare la tecnologia non attendibile. Abbastanza presto, il pagamento sul Web con una carta di credito è diventato ampiamente accettato e la maggior parte degli attuali utenti Web probabilmente non ricorderà questi primi giorni di trepidazione e paura, sebbene la somiglianza con la fiducia nelle blockchain sia sorprendentemente familiare.

Per quanto inizialmente ci preoccuperemo della disponibilità di blockchain come reti di consegna di servizi fiduciari, alla fine saranno dati per scontati, proprio come l'accesso a Internet è dato per scontato oggi nella maggior parte del mondo.

Gli standard arrivano in due modi, in genere. O diventano standard de facto in virtù dell'adozione da parte del mercato, oppure sono sviluppati e concordati a priori da un comitato per gli standard o da un gruppo di consorzi. Gli standard portano con sé una serie di vantaggi, tra cui alcuni effetti di rete, un'interoperabilità più semplice, conoscenze di implementazione condivise, potenziali costi inferiori e minori rischi complessivi. Gli standard possono affrontare diversi livelli, mirando ad aree tecniche, di piattaforma o di processo. Ma ecco un avvertimento sugli standard. Generalmente non competi sugli standard. Tendono a livellare il campo di gioco e consentono alle aziende di competere alle proprie condizioni attraverso il modo in cui implementano questi standard. Il tuo vantaggio competitivo potrebbe derivare dalla velocità della tua implementazione o dalla tua capacità di innovare oltre questi standard. La blockchain presenterà le stesse opportunità e avvertenze per l'uso degli standard. Gli standard saranno necessari, ma non sufficienti. Saranno necessarie diverse migliaia di sviluppatori di software per sollevare tutte le barche. Cosa contribuirà a migliorare il numero di sviluppatori?

- Consapevolezza più generale del mercato sulla blockchain per suscitare maggiori interessi.
- Popolarità dei programmi di certificazione.
- Disponibilità di titoli accademici formali specializzati in questo campo.
- Programmi di formazione da parte dei fornitori di blockchain.

5. Risorse umane e problemi di costi

La maggior parte degli utenti non è in grado di gestire una maggiore complessità di utilizzo, soprattutto quando la tecnologia sottostante è complessa (la blockchain). Le prime applicazioni blockchain potrebbero non avere le migliori esperienze utente, ma alla fine un utente potrebbe anche non sapere che c'è una blockchain dietro il loro utilizzo. Dove sono le Amazon e le eBay della blockchain? Questi tipi di aziende diventano punti di riferimento e modelli archetipi perché sono i primi punti di prova che puoi costruire un'attività redditizia sulla blockchain. Dovremo assistere all'emergere di tali società e vedere il loro successo materializzarsi attraverso l'adozione sul mercato. Individui non abbastanza qualificati all'interno delle aziende, ci vuole un po' di tempo per convertire migliaia di dipendenti in sostenitori esperti della blockchain. All'interno delle organizzazioni è richiesta anche una massa critica di sostenitori ed esperti interni, in modo che possano alimentare una varietà di esperimenti blockchain e creare soluzioni da soli, senza autorizzazione, proprio come le applicazioni e le idee Web sono finalmente diventate una seconda natura per la maggior parte delle aziende. D'altra parte, i problemi di costi sono molto critici, non è costoso iniziare a dilettarsi con la tecnologia blockchain perché gran parte di essa è gratuita tramite licenze open source. Tuttavia, la piena implementazione comporterà costi aggiuntivi, non diversamente dai costi dei tipici progetti e implementazioni legati alla tecnologia dell'informazione. Alcuni Chief Information Officer (CIO) potrebbero essere riluttanti ad aumentare i loro budget limitati, fino a quando non saranno dimostrati i primi ritorni sull'investimento.

6. Middleware e strumenti immaturi

Il middleware blockchain e gli strumenti software sono davvero importanti. Il middleware è come il collante tra l'infrastruttura blockchain e la creazione di applicazioni. Gli strumenti di sviluppo software facilitano i progetti complessivi di sviluppo software. Non appena inizieremo a vedere prodotti completi e pronti all'uso che promettono di semplificare il modo in cui avviare, sviluppare e distribuire applicazioni blockchain, sapremo che è iniziata una nuova fase.

7. Scalabilità

La scalabilità delle blockchain è un problema che continuerà a essere dibattuto. Il ridimensionamento dei sistemi tecnici è una sfida senza fine. È un obiettivo mobile, perché le esigenze di scala evolvono man mano che cresci; quindi non hai bisogno di risolvere un problema che non hai ancora. Il ridimensionamento delle blockchain non sarà diverso dal modo in cui abbiamo continuato a ridimensionare Internet, concettualmente parlando. Ci sono molti ingegneri, scienziati, ricercatori e designer intelligenti che sono all'altezza della sfida e la affronteranno. Ciò che complica ulteriormente la scalabilità delle blockchain è l'equilibrio richiesto che deve essere preservato tra decentralizzazione e sicurezza. Scalare una rete decentralizzata con un modello economico legato alla sua sicurezza è una nuova frontiera mai tentata prima.

Capitolo 7
Passi avanti: alcune raccomandazioni

I mercati finanziari islamici operano molto al di sotto del loro potenziale perché la banca islamica da sola non può attecchire in assenza delle altre componenti necessarie di un sistema finanziario islamico. Prima di poter formulare una strategia a lungo termine, dovranno essere affrontate una serie di limitazioni:

• Non è stato ancora sviluppato un quadro normativo e legale uniforme a sostegno di un sistema finanziario islamico. Le normative bancarie esistenti nei paesi islamici si basano sul modello bancario occidentale. Analogamente, le istituzioni finanziarie islamiche incontrano difficoltà a operare in paesi non islamici a causa dell'assenza di un organismo di regolamentazione che operi in conformità ai principi islamici. Lo sviluppo di un quadro normativo e di vigilanza che affronti le questioni specifiche delle istituzioni islamiche rafforzerebbe ulteriormente l'integrazione dei mercati islamici e dei mercati finanziari internazionali.

• Non esiste un centro finanziario unico, considerevole e organizzato che possa affermare di funzionare secondo i principi islamici. Sebbene i mercati azionari nei paesi islamici emergenti come l'Egitto, la Giordania e il Pakistan siano attivi, non sono pienamente compatibili con i principi islamici. I mercati azionari in Iran e Sudan potrebbero avvicinarsi di più a operare nel rispetto dei principi islamici. Inoltre, il mercato secondario dei prodotti islamici è estremamente superficiale e illiquido ei mercati monetari sono quasi inesistenti, dal momento che attualmente non sono disponibili strumenti validi. Lo sviluppo di un mercato interbancario è un'altra sfida.

• Il ritmo dell'innovazione è lento. Il mercato propone da anni gli stessi strumenti tradizionali orientati alle scadenze a breve ea medio termine, ma non ha ancora messo a punto gli strumenti necessari per gestire le scadenze agli estremi. C'è bisogno di strumenti di gestione del rischio per dotare i clienti di strumenti per proteggersi dall'elevata volatilità dei mercati valutari e delle materie prime. Inoltre, il mercato non dispone degli strumenti necessari per fornire valide alternative al finanziamento del debito pubblico.

• Un sistema finanziario islamico necessita di solide procedure e standard contabili. Le procedure contabili occidentali non sono adeguate a causa della diversa natura e trattamento degli strumenti finanziari. Procedure e standard ben definiti sono fondamentali per la divulgazione di informazioni, la costruzione della fiducia degli investitori , il monitoraggio e la sorveglianza. Standard adeguati aiuteranno anche l'integrazione dei mercati finanziari islamici con i mercati internazionali. Le istituzioni islamiche hanno una carenza di personale qualificato in grado di analizzare e gestire portafogli e sviluppare prodotti innovativi secondo i principi finanziari islamici. Solo un numero limitato di istituzioni islamiche può permettersi di formare il proprio personale e impiegare risorse nello sviluppo del prodotto.

• C'è una mancanza di uniformità nei principi religiosi applicati nei paesi islamici. In assenza di un'autorità religiosa centrale universalmente accettata, le banche islamiche hanno formato i propri consigli religiosi per l'orientamento. Le banche islamiche devono consultare i rispettivi consigli religiosi, o consulenti della Shari'ah , per ottenere l'approvazione di ogni nuovo strumento. Le differenze nell'interpretazione dei principi islamici da parte di diverse scuole di pensiero possono significare che strumenti finanziari identici vengono rifiutati da un consiglio ma accettati da un altro. Pertanto, lo stesso strumento potrebbe non essere accettabile in tutti i paesi. Questo problema può essere affrontato formando un consiglio uniforme che rappresenti diverse scuole di pensiero per definire regole coese e per accelerare il processo di introduzione di nuovi prodotti.

È possibile apportare miglioramenti in diverse aree per promuovere e migliorare la fornitura di servizi finanziari islamici. Tuttavia, alcune aree meritano un'attenzione immediata.

A. **Ingegneria finanziaria:**

L'ingegneria finanziaria e le innovazioni finanziarie stanno guidando il sistema finanziario globale verso una maggiore efficienza economica ampliando le opportunità di condivisione del rischio, abbassando i costi di transazione e riducendo le informazioni asimmetriche ei costi di agenzia. L'ingegneria finanziaria prevede la progettazione, lo sviluppo e l'implementazione di strumenti e processi finanziari innovativi, nonché la formulazione di soluzioni creative. L'ingegneria finanziaria può portare a un nuovo strumento finanziario di tipo consumer, o una nuova sicurezza, o un nuovo processo o una soluzione creativa ai problemi di finanza aziendale, come la necessità di ridurre i costi di finanziamento, gestire meglio il rischio o aumentare il ritorno sugli investimenti.

Per le istituzioni finanziarie islamiche, una sfida di ingegneria finanziaria consiste nell'introdurre nuovi prodotti compatibili con la Shari'ah che migliorino la liquidità, la gestione del rischio e la diversificazione del portafoglio. In generale, i tentativi di applicare le tecniche di ingegneria finanziaria al sistema bancario islamico richiederanno l'impegno di una grande quantità di risorse per comprendere le caratteristiche di rischio-rendimento di ciascun elemento costitutivo del sistema e offrire nuovi prodotti con diversi profili di rischio-rendimento che soddisfino la domanda degli investitori, intermediari finanziari e imprenditori per la liquidità e la sicurezza. La cartolarizzazione è un ottimo candidato per l'ingegneria finanziaria. Sono inoltre necessarie nuove innovazioni finanziarie per soddisfare la domanda di strumenti alle due estremità della struttura delle scadenze: depositi a brevissimo termine e investimenti a lungo termine. Al momento non esistono mercati monetari compatibili con la Shari'ah e non esiste un equivalente di un mercato interbancario islamico in cui le banche potrebbero collocare, ad esempio, fondi overnight o prendere in prestito per soddisfare un bisogno di liquidità temporanea. Sebbene la cartolarizzazione di un pool di portafogli di leasing possa contribuire allo sviluppo del mercato interbancario, il volume delle operazioni offerte dalla cartolarizzazione potrebbe non essere sufficiente a soddisfare la domanda.

Le istituzioni finanziarie islamiche sono, in generale, di piccole dimensioni e non possono permettersi di investire ingenti fondi in ricerca e sviluppo. Non sono in grado di raccogliere i frutti delle economie Le discussioni informali con i professionisti hanno rivelato che i comitati religiosi a volte sono estremamente rigidi su questioni tecniche minori e rendono il processo di introduzione di un nuovo prodotto difficile e lungo, con conseguenti opportunità commerciali mancate. L'importanza dell'ingegneria finanziaria, le istituzioni finanziarie islamiche dovrebbero prendere seriamente in considerazione la possibilità di compiere sforzi congiunti per sviluppare l'infrastruttura di base per l'introduzione di nuovi prodotti. Condurre collettivamente la ricerca e lo sviluppo di base può far risparmiare alcuni dei costi necessari per costruire individualmente questa infrastruttura. Un buon esempio di tale sforzo collettivo sarebbe quello di sponsorizzare la ricerca nello sviluppo di modelli analitici, sistemi informatici e strumenti per analizzare il rischio e il rendimento di diversi strumenti. L'ingegneria finanziaria è un'area in cui le istituzioni finanziarie islamiche potrebbero beneficiare di istituzioni occidentali più esperte, che sono più sofisticate nell'ingegnerizzare e commercializzare il prodotto giusto per il cliente giusto. Le banche d'investimento convenzionali, che hanno investito molto nell'infrastruttura per lo sviluppo di nuovi prodotti, possono lavorare per o con le istituzioni finanziarie islamiche per sviluppare prodotti conformi alla Shari'ah .

B **Gestione del rischio e diversificazione:**

A causa delle risorse limitate, le banche islamiche spesso non sono in grado di permettersi sistemi informativi di gestione ad alto costo o la tecnologia per valutare e monitorare il rischio in modo tempestivo. Con una gestione debole e la mancanza di adeguati sistemi di monitoraggio del rischio, l'esposizione al rischio delle banche islamiche è elevata.

Fornire un mix più diversificato di servizi finanziari o distribuire i rischi su un'area geografica più ampia implica almeno il potenziale per una migliore diversificazione, quindi la stessa protezione contro le difficoltà finanziarie può essere raggiunta con meno risorse. Per le istituzioni finanziarie islamiche, l'espansione geografica della base dei depositanti potrebbe portare alla diversificazione dal lato delle passività. La diversificazione dal lato delle attività potrebbe ridurre la varianza dei rendimenti che maturano per gli aventi diritto dell'intermediario finanziario. Inoltre, la diversificazione geografica e settoriale dal lato delle attività potrebbe interrompere la concentrazione delle istituzioni finanziarie in una regione o in un settore e quindi ridurre la sua esposizione creando rischi meno perfettamente correlati. La diffusione geografica dei prodotti può aiutare ulteriormente l'intermediario finanziario a migliorare il proprio rischio di credito selezionando i mutuatari con il miglior credito ed evitando quelli con il più debole. Con la diversificazione, le banche islamiche sarebbero in grado di estendere la frontiera delle scadenze.

Gli intermediari finanziari islamici devono adottare un'adeguata gestione del rischio non solo per il proprio portafoglio ma anche per quello dei propri clienti. La diversificazione e la gestione del rischio sono strettamente associate al grado di incompletezza del mercato. In mercati altamente incompleti, gli intermediari finanziari sono in una posizione migliore per fornire diversificazione e gestione del rischio per il cliente perché la responsabilità della diversificazione del rischio si sposta dagli investitori all'intermediario finanziario, che è considerato migliore nel fornire la gestione del rischio intertemporale. Le istituzioni finanziarie islamiche devono adottare misure immediate per ideare un'infrastruttura per l'attuazione di misure, controlli e gestione del rischio adeguati e per creare strumenti innovativi per condividere, trasferire e mitigare il rischio finanziario in modo che gli imprenditori possano concentrarsi su ciò che sanno fare meglio: gestire l'esposizione al rischio d'impresa in cui hanno un vantaggio comparato.

Infine, le istituzioni finanziarie islamiche devono rendersi conto dell'importanza non solo del rischio finanziario e della sua gestione, ma anche del rischio operativo, che è il rischio dovuto al fallimento dei controlli e dei processi. Attualmente, vi è una grave mancanza di una cultura del rischio e di una sponsorizzazione a livello aziendale della gestione attiva del rischio.

C. **Servizi finanziari non bancari:**

Per un'ulteriore crescita, il ruolo dell'intermediazione dovrebbe essere esteso oltre il suo assetto tradizionale. In particolare, è necessario ampliare la portata e la gamma dei servizi finanziari offerti, analogamente al concetto di "supermercato di prodotti finanziari". Un tale supermercato funzionerebbe come un "all-in-bank" che copre tutti i tipi di servizi finanziari. In questo ruolo, la banca islamica fungerebbe da sportello unico per soddisfare diversi tipi di clienti, che vanno da privati, istituzioni, individui con un patrimonio netto elevato e società e offrire prodotti che servono il loro investimento, prestito, gestione del rischio e le esigenze di gestione patrimoniale. Ad esempio, una tale istituzione servirebbe i clienti al dettaglio, gestirebbe portafogli di investimento e fornirebbe vari servizi per i clienti aziendali. Allo stesso tempo, come un broker, il supermercato di prodotti finanziari sarebbe una società di vendita al dettaglio che gestisce asset e offre servizi di pagamento e liquidazione. La maggior parte delle banche islamiche non è adeguatamente attrezzata per fornire servizi tipici di investment banking, come sottoscrizione, garanzie, ricerche di mercato e servizi di consulenza a pagamento. Il perfezionamento e lo sviluppo dei servizi a pagamento migliorerebbero la funzionalità dei servizi finanziari islamici. I contratti a pagamento come joalah , wakalah e kifalah richiedono un ulteriore sviluppo se devono essere riconosciuti e resi operativi per sfruttare appieno le capacità delle banche islamiche.

D. **Sviluppo dei mercati dei capitali:**

In risposta all'attuale ondata di entrate petrolifere e alla crescente domanda di prodotti conformi alla Shari'ah , i mercati dei capitali islamici si stanno espandendo a un ritmo sempre più rapido e le parti interessate stanno iniziando a realizzare il loro potenziale. Lo sviluppo dell'infrastruttura istituzionale, come i principi contabili e gli organismi di regolamentazione, è un passo nella giusta direzione. Tuttavia, il mercato ha bisogno che i governi ospitanti intraprendano una leadership forte e azioni politiche costruttive.

Mercati dei capitali islamici ben sviluppati non solo avvantaggeranno i mutuatari e gli investitori istituzionali, ma potranno anche migliorare la stabilità delle banche islamiche, fornendo loro portafogli, liquidità e strumenti di gestione del rischio migliorati. In definitiva, questi sviluppi aiuteranno a integrare i mercati finanziari islamici, così come le istituzioni che li costituiscono, nel più ampio sistema finanziario internazionale convenzionale.

Dal lato dell'offerta, il volume degli investimenti islamici, con una preferenza per gli strumenti conformi alla Shari'ah , è cresciuto fino a formare una massa critica in grado di supportare un mercato dei capitali ben funzionante ed efficiente. Si sta evolvendo in un vero mercato internazionale. Non solo i mutuatari con rating elevato, come le banche multilaterali di sviluppo (ad esempio, la Banca mondiale), ma anche i mutuatari dei paesi in via di sviluppo con rating di credito inferiori, come il Pakistan, hanno raccolto con successo un volume considerevole di fondi in questo mercato.

Queste istituzioni includono IFSB, AAOIFI, Liquidity Management Center, International Islamic Financial Markets e International Islamic Rating Agency. Dal lato della domanda, i paesi in via di sviluppo, in particolare i paesi a reddito medio, richiederanno un volume significativo di investimenti in infrastrutture nel prossimo decennio. Solo per l'Indonesia, sono necessari investimenti infrastrutturali aggiuntivi di 5 miliardi di dollari (2% del PIL) ogni anno, per raggiungere un obiettivo di crescita a medio termine del 6%. Poiché i mercati dei capitali nazionali di questi mutuatari sono spesso troppo superficiali per soddisfare le loro grandi esigenze di investimento, dovranno accedere a fonti di finanziamento esterne.

Inoltre, le parti interessate musulmane nei paesi a medio reddito esprimono sempre più la loro preferenza per finanziamenti conformi alla Shari'ah . A loro volta, gli intermediari finanziari, comprese le banche commerciali e di investimento del settore privato, nonché le istituzioni finanziarie per lo sviluppo, dovranno iniziare a prestare maggiore attenzione alle esigenze "non finanziarie" dei loro clienti.

Per le banche multilaterali di sviluppo, lo sviluppo dei mercati dei capitali islamici è un tema di grande rilevanza. In primo luogo, le banche multilaterali di sviluppo sono profondamente coinvolte nel finanziamento delle infrastrutture e sono naturalmente interessate al mercato dei capitali islamico come fonte di finanziamento nuova e alternativa. In secondo luogo, incanalando i fondi disponibili nei mercati finanziari islamici, che hanno sede principalmente nei paesi ad alto risparmio come i paesi del Consiglio di cooperazione del Golfo e la Malesia, per finanziare investimenti nei paesi in via di sviluppo, le banche multilaterali di sviluppo possono creare un nuovo modello di cooperazione internazionale mentre si risponde alle voci delle parti interessate di entrambe le parti. In terzo luogo, le banche multilaterali di sviluppo possono promuovere la stabilità finanziaria incoraggiando lo sviluppo dei mercati dei capitali islamici e fornendo lo slancio per integrare i mercati finanziari islamici nel sistema finanziario internazionale.

Nel prossimo futuro, strutture come ijarah (un leasing) e murabahah (un contratto di vendita a costo maggiorato utilizzato per l'acquisto di materie prime) che forniscono agli investitori un rendimento predeterminato e il pieno ricorso al debitore probabilmente avranno un potenziale di mercato maggiore rispetto ad altri strutture. Ciò sarà guidato principalmente dalle preferenze degli investitori, ma un'ampia percentuale di potenziali mutuatari preferirà bloccare i propri costi di prestito piuttosto che impegnarsi in schemi di pura partecipazione agli utili. Sebbene il futuro appaia promettente, ci sono alcuni ostacoli da affrontare e gli operatori di mercato e le autorità di regolamentazione devono adottare misure concrete per sostenere il decollo del mercato. Primo e più importante, lo sviluppo del mercato richiede una forte sponsorizzazione e leadership da parte del governo del paese ospitante, in particolare per quanto riguarda le questioni legali e normative. Ad esempio, per una transazione ijarah, il proprietario dei beni operativi effettua una transazione di leasing. Sebbene il proprietario dei beni operativi sia spesso il governo stesso o gli enti del settore pubblico correlati, le leggi e i regolamenti pertinenti nel paese ospitante potrebbero non consentire a questi organismi di impegnare o affittare i beni necessari per strutturare una transazione ijarah. Questo è un punto fondamentale; le azioni politiche del paese ospitante sono un prerequisito fondamentale per l'ulteriore sviluppo del mercato.

Inoltre, mutuatari, investitori e intermediari devono nutrire pazientemente il mercato. Le transazioni islamiche sono spesso meno convenienti rispetto alle emissioni obbligazionarie convenzionali. Ogni nuova emissione comporta maggiori spese legali e documentali, nonché costi di distribuzione perché comporta l'esame della robustezza strutturale oltre alla valutazione della qualità creditizia dell'obbligato. Poiché le condizioni disponibili nei mercati dei capitali islamici derivano principalmente dai livelli dei prezzi nei mercati obbligazionari convenzionali più liquidi, non vi è alcun vantaggio di costo intrinseco per i mutuatari che attingono ai mercati islamici. I mutuatari, quindi, devono formulare una visione globale, a lungo termine e strategica su come ridurre il costo complessivo dell'accesso ai mercati islamici, piuttosto che concentrarsi su una singola transazione. Gli investitori possono sostenere lo sviluppo del mercato esprimendo la loro preferenza per gli strumenti conformi alla Shari'ah , in particolare nei loro prezzi denaro. Gli intermediari possono guidare il processo, forse attraverso un'ulteriore standardizzazione degli schemi e degli strumenti delle transazioni.

E. Responsabilità sociale delle imprese nell'Islam

La Responsabilità Sociale d'Impresa (CSR) è un concetto che ha attirato l'attenzione di tutto il mondo e ha acquisito una nuova risonanza nell'economia globale. L'accresciuto interesse per la CSR negli ultimi anni è derivato dall'avvento della globalizzazione e del commercio internazionale, che si sono riflessi in una maggiore complessità aziendale e nuove esigenze di maggiore trasparenza e cittadinanza aziendale. Inoltre, mentre i governi si sono tradizionalmente assunti la responsabilità esclusiva del miglioramento delle condizioni di vita della popolazione, i bisogni della società hanno superato le capacità dei governi di soddisfarli. In questo contesto, i riflettori si stanno sempre più puntando sul ruolo dell'impresa nella società e le aziende progressiste stanno cercando di differenziarsi attraverso l'impegno nella CSR. (Jamali & Mirshak , 2007)

Responsabilità sociale d'impresa La RSI è un'idea che si è costantemente evoluta man mano che le imprese sono sempre più consapevoli della comunità che le circonda. La RSI comprende l'obbligo di un'impresa commerciale nei confronti della società al di là della semplice massimizzazione dei profitti. La RSI non è stata presa sul serio e talvolta derisa dalle aziende prima della fine degli anni '70. Il cambiamento nell'approccio alla RSI può essere parzialmente attribuito all'emanazione di una nuova legislazione che ha creato molte delle agenzie governative di regolamentazione durante questo periodo di tempo. La nuova legislazione ha fornito alle imprese un ulteriore incentivo a destinare adeguate quantità di risorse fiscali alla RSI, piuttosto che affrontare una severa regolamentazione governativa. L'atteggiamento nei confronti della CSR è cambiato drasticamente alla fine degli anni '90, poiché la CSR era ormai un'idea mainstream promossa da diversi aspetti della società, dalle aziende ai governi.

La responsabilità sociale d'impresa (CSR) è cresciuta enormemente negli ultimi trent'anni e la maggior parte delle organizzazioni imprenditoriali ha voglia di fare beneficenza. Le organizzazioni imprenditoriali che coinvolgono donazioni di beneficenza e che riflettono l'ambiente altamente competitivo degli anni '90 sono state definite "beneficenza strategica". Implica donazioni aziendali che hanno un duplice scopo: contribuire con fondi a cause di beneficenza e contemporaneamente avvantaggiare i profitti finanziari dell'azienda e rafforzare la legittimità politica aziendale. La "beneficenza strategica" è diventata una pratica accettata che consente a un'azienda di soddisfare gli impulsi altruistici per contribuire a cause di beneficenza mentre serve i profitti. In questo modo è emerso l'investimento della comunità aziendale attraverso gli obiettivi dei programmi di CSR e le organizzazioni imprenditoriali a volte si prendono cura del prossimo attraverso i suoi programmi di responsabilità filantropica . La carità pura si occupa dell'assistenza all'istruzione, alle arti e alla cultura, ai servizi sanitari e sociali, ai progetti civici e comunitari. Mentre la "beneficenza strategica" combina la pura filantropia e la sponsorizzazione aziendale con programmi di donazioni direttamente o indirettamente collegati agli obiettivi aziendali. Una delle caratteristiche della "beneficenza strategica" è la sponsorizzazione congiunta di programmi di una o più aziende da attuare attraverso fondazioni di beneficenza appositamente create al fine di ottimizzare il valore della beneficenza.

Negli ultimi 50 anni, esperti di etica aziendale e teorici del management hanno dedicato molti sforzi a riflettere sulla relazione tra impresa e società. Questi esperti di etica svilupparono modelli che potevano essere modificati o compromessi per soddisfare gli interessi sociali in evoluzione. In generale ci sono sei principali modelli etici che ora dominano il pensiero etico che porta al concetto di responsabilità sociale d'impresa. Questi possono essere riassunti come segue:

1. Relativismo - Le decisioni etiche vengono prese sulla base dell'interesse personale e dei bisogni, escludendo qualsiasi interazione o input dall'esterno.

2. Utilitarismo – Le decisioni etiche vengono prese sulla base del calcolo di costi e benefici. L'utilitarismo è generalmente considerato orientato al risultato. Tutto ciò che è buono per la maggioranza è considerato etico.

3. Universalismo – Le decisioni etiche sottolineano l'intenzione della decisione o dell'azione (dovere). Tutti in circostanze simili dovrebbero prendere decisioni simili.

4. Diritti – Le decisioni etiche sottolineano un unico valore: la libertà, e si basano sui diritti individuali (diritti individuali) che assicurano la libertà di scelta.

5. Giustizia distributiva – Le decisioni etiche ruotano attorno a un unico valore: la giustizia. Per essere considerate etiche, le decisioni e le azioni dovrebbero garantire un'equa distribuzione della ricchezza e dei benefici (equità e uguaglianza).

6. Legge eterna – Le decisioni etiche vengono prese sulla base della legge eterna, rivelata nelle scritture.

Questi modelli etici forniscono uno sfondo al concetto di responsabilità sociale delle imprese. Ci sono stati sforzi per concettualizzare il comportamento etico in termini di pratiche commerciali delle società nella società. Gran parte di questo lavoro si è incentrato specificamente sulla teorizzazione della responsabilità che le società hanno nei confronti della società e quali sono le conseguenze delle relative azioni o inazioni.

La letteratura sulla RSI identifica diverse forze trainanti dietro la crescente tendenza verso iniziative di RSI:

1. C'è una crescente pressione del mercato, in cui clienti, dipendenti o mercati dei capitali esercitano una qualche forma di preferenza, pressione o segnale. La rasatura delle questioni sociali ed etiche ha ricevuto una crescente attenzione da parte del pubblico e ha influenzato le prestazioni del mercato, oltre alle tradizionali preferenze di prezzo e marca. La crescita del settore degli investimenti etici è un altro indicatore di quanta enfasi le persone stiano ora dando al comportamento sociale ed etico delle aziende.

2. C'è stata una crescente pressione normativa che va dai requisiti di segnalazione ai regolamenti governativi che introducono standard aziendali obbligatori a cui le aziende di tutte le dimensioni devono attenersi.

3. L'aumento del potere delle comunicazioni (ad es . Internet, i media elettronici e altri) ha spinto i consumatori e i gruppi di pressione come attivisti sociali, organizzazioni non governative (ONG) e sindacati a controllare le attività delle aziende in modo più efficace e sviluppare strategie che possono influenzare imprese ad agire in modo socialmente responsabile.

4. Esiste un vantaggio competitivo che le aziende ritengono di poter ottenere essendo socialmente responsabili. Prevedono che comunicando in modo efficace sui loro contributi sociali, ambientali ed economici, possono rafforzare il loro marchio, migliorare la loro reputazione aziendale con clienti e fornitori e attrarre e mantenere una forza lavoro impegnata e qualificata. In effetti, la letteratura esistente afferma che l'impegno per la CSR porterà a sua volta a migliori prestazioni in termini di redditività, competitività e gestione del rischio.

L'influenza dell'Islam sulle pratiche commerciali è ben documentata nel Sacro Corano e nella Sunnah, che sono le principali fonti dell'etica degli affari nell'Islam. I valori aziendali islamici come la giustizia, la misura socio-economica, il benessere umano, l'onestà ecc. Sono considerati il fulcro della CSR nell'Islam. Le istituzioni finanziarie islamiche (IFI) sono considerate aventi un'identità etica e hanno obiettivi sociali ed economici diversi poiché la base della loro attività è basata sulla religione.

L'obiettivo generale delle IFI è quello di contribuire allo sviluppo dell'economia entro i confini dell'Islam. Nell'ambito della Shari'a (legge islamica), ci si aspetta che le IFI siano guidate da una visione del mondo economica islamica, che si basa sul principio della giustizia sociale e del benessere della società.

Le istituzioni finanziarie islamiche (IFI) sono come qualsiasi altra istituzione finanziaria convenzionale, che funge da intermediario tra i fornitori di fondi e gli utenti dei fondi, l'unica differenza è che le transazioni e i contratti di un IFI devono essere conformi alla legge islamica.

La crescente consapevolezza e la domanda di investimenti in conformità con i principi etici islamici su scala globale sono stati un catalizzatore per rendere il sistema bancario e finanziario islamico un'industria fiorente. Questo è anche un riflesso della crescente ricchezza e capacità degli investitori, sia musulmani che non musulmani, di cercare e investire in nuovi prodotti di investimento che soddisfino le loro esigenze. Le istituzioni finanziarie islamiche (IFI) guadagnano profitti mentre le altre imprese guadagnano profitti. Molte persone dicono che le IFI avrebbero dovuto coinvolgere attività di "beneficenza strategica". L'attività delle IFI, comprese le banche islamiche, si basa sui principi della Shari'ah che richiedono alle IFI di operare con l'impegno della responsabilità sociale.

Nell'ambito delle IFI, l'Association of Accounting and Auditing Organization for Islamic Financial Institutions (AAOIFI) ha emanato standard specifici sulla CSR noti come Governance Standards No. 7: Corporate Social Responsibility, Conduct and Disclosure for IFIs. Secondo l'(AAOIFI), la responsabilità sociale d'impresa (CSR) per le IFI si riferisce a tutte le attività svolte da un IFI (Le IFI si riferiscono a qualsiasi istituzione che svolga il ruolo di intermediario finanziario che si attiene rigorosamente alle disposizioni della Shari'a Questi includono, ma non sono limitati a banche islamiche e compagnie di assicurazione islamiche) per adempiere alle proprie responsabilità religiose, economiche, legali, etiche e discrezionali come intermediari finanziari per individui e istituzioni.La responsabilità religiosa si riferisce all'obbligo generale delle IFI di obbedire alle leggi dell'Islam in tutti i suoi rapporti e operazioni. La responsabilità economica si riferisce all'obbligo per le banche islamiche di essere finanziariamente sostenibili, redditizie ed efficienti. La responsabilità legale si riferisce all'obbligo delle IFI di rispettare e obbedire alle leggi e ai regolamenti del paese in cui operano. La responsabilità etica si riferisce all'obbligo delle IFI di rispettare la massa di norme sociali, religiose e consuetudinarie che non sono codificate nella legge. La responsabilità discrezionale si riferisce all'aspettativa delle parti interessate che le IFI svolgano un ruolo sociale nell'attuazione degli ideali islamici al di là delle responsabilità religiose, economiche, legali ed etiche.

In effetti, i padri fondatori dell'odierna finanza islamica concordano nel ritenere che le IFI abbiano un elevato senso di responsabilità sociale, come qualsiasi altra istituzione 'islamica'. Tuttavia, ciò non implica che le IFI diventino organizzazioni di beneficenza non competitive e non redditizie abituate solo a promuovere obiettivi di sviluppo sociale. Ciò comporta un cambiamento nella mentalità dei banchieri islamici per incorporare proficuamente obiettivi di sviluppo sociale nel loro portafoglio di investimenti. Man mano che più titolari di conti di investimento, azionisti e parti interessate in generale comprendono appieno gli obiettivi che sono alla base del sistema economico islamico, ci sarà una maggiore domanda di sapere fino a che punto la loro IFI locale soddisfa tali obiettivi sociali. Pertanto, l'IFI che si impegna ampiamente nella RSI e dimostra con la divulgazione di essere ampiamente coinvolto nella RSI guadagnerà più facilmente la legittimità di alcuni stakeholder (in particolare quelli interessati alle attività di RSI dell'IFI) e, in ultima analisi, guadagnerà la loro lealtà. Ciò rappresenta di per sé una proposta di valore per le IFI che cercano di mantenere i clienti sulla base di una concorrenza non basata sui prezzi. Tuttavia, ciò non significa che le IFI debbano attuare la responsabilità sociale delle imprese a causa dei suoi vantaggi economici a lungo termine . Mentre le istituzioni economiche vitali devono essere guidate da incentivi al profitto, nel caso delle IFI, non è la loro unica priorità e certamente non l'unica ragione per cui implementano la responsabilità sociale delle imprese. In effetti, qualsiasi nozione secondo cui le IFI o qualsiasi altra istituzione che afferma di essere islamica, del resto, dovrebbe essere socialmente responsabile deve trarre la sua giustificazione dalla legge e dai principi islamici, come contenuti nel Corano e nella Sunnah del Profeta dell'Islam, Maometto (pace su di lui). Senza questa fonte ultima di legittimità, non c'è motivo per alcuna azione.

L'ICSR deriva se stessa dai principi fondamentali del sacro Corano. I tre principali principi fondamentali per l'ICSR sono la viceregenza dell'umanità sulla terra, la responsabilità divina e il dovere dell'umanità di ingiungere il bene e proibire il male. (Farook 2007)

A. Vicereggenza

Il principio di viceregenza denota che l'umanità è il rappresentante di Allah sulla terra e come tale Allah ha affidato all'umanità la gestione del possesso di Allah.

B. Responsabilità divina

Il principio della responsabilità divina deriva dal principio di viceregenza e denota che gli individui dovranno rendere conto ad Allah di tutte le loro azioni nel Giorno del Giudizio. Questo principio è esposto in diversi versetti del sacro Corano. Questa responsabilità divina è la base di tutte le azioni di un musulmano e, a sua volta, delle organizzazioni rappresentative dei musulmani.

C. Ingiungere il bene e proibire il male

Il principio di ingiungere il bene e proibire il male riassume le responsabilità che Allah pone sui musulmani come fiduciari e vicegerenti.

Questa responsabilità è schiacciante e comprende tutti gli aspetti della vita di un musulmano. Comprende una prescrizione verso azioni positive (ammissibili e raccomandate) e una prescrizione contro azioni negative (non ammissibili e sconsigliate). Le IFI hanno generalmente garantito il loro stato operativo evitando azioni negative. Tuttavia, il loro approccio alle azioni positive è stato diverso a causa della mancanza di standard nell'area.

La combinazione di questi principi denota una responsabilità divina per ogni musulmano di ingiungere il bene e la giustizia e proibire il male e l'ingiustizia. Questi principi fondamentali costituiscono quindi la base della responsabilità sociale individuale.

Milton Friedman è uno degli architetti del movimento contro la responsabilità sociale, scrivendo quello che è considerato da molti il lavoro seminale che denigra la CSR e le imprese che promuovono le loro credenziali di CSR.

L'obiezione di Friedman alla CSR era duplice. (Moon, 2011) In primo luogo, sosteneva che i manager fossero responsabili nei confronti dei proprietari dell'azienda e che, a meno che non segnalassero diversamente, il presupposto dovrebbe essere che i proprietari volessero il

massimizzare i profitti della società. Il corollario è che per Friedman la RSI è una spesa netta senza benefici positivi per l'azienda. Un po' curiosamente, ha aggiunto che è possibile per le aziende fare investimenti nella comunità ma se questi hanno alcuni vantaggi aziendali (es . fedeltà della forza lavoro, produttività), non dovrebbero essere considerati CSR. La conclusione qui è che Friedman non considerava gli interessi sociali e privati come potenzialmente conformi, ma piuttosto dicotomici.

In secondo luogo, Friedman ha sostenuto che la CSR ha invaso il terreno proprio del governo (democratico) e che i manager non sono né addestrati ad affrontare questioni di politica pubblica e quindi mancano di competenze adeguate, né sono responsabili delle questioni di politica pubblica. In entrambi i casi il contrasto viene fatto con legislatori e funzionari pubblici, che egli considera entrambi competenti e adeguatamente responsabili. In breve, Friedman (1970) offre un'altra dicotomia, in questo caso tra il lavoro del governo e il business degli affari.

F. Il governo societario nella finanza islamica

Il governo societario mira a fornire alle istituzioni un corpus di regole e principi, al fine di garantire che le buone pratiche guidino la gestione complessiva di un'istituzione. Ora è venuto a significare l'intero processo di gestione di una società e la struttura degli incentivi per affrontare le questioni principale-agente e garantire che la direzione esecutiva serva i migliori interessi a lungo termine degli azionisti e il valore sostenibile della società in conformità con le leggi e etica del paese. Tutti i complessi fattori coinvolti nel bilanciare il potere tra l'amministratore delegato (CEO), il consiglio di amministrazione e gli azionisti sono ora considerati parte del quadro di governo societario , tra cui revisione contabile, bilancio e informativa fuori bilancio , e trasparenza.

Se le istituzioni finanziarie islamiche devono essere credibili nei confronti dei loro clienti, devono disporre di un sistema formalizzato per garantire che tutte le loro attività siano conformi alla Shari'ah . Tuttavia, ciò che esattamente costituisce un efficace sistema di governance della Shari'ah è oggetto di dibattito ed è evidente dall'esame delle esperienze di diversi paesi e istituzioni che esiste una varietà di sistemi. Questo approccio pluralistico presenta dei vantaggi, poiché gli ambienti legali in cui operano le istituzioni finanziarie islamiche differiscono, non solo in termini di status della Shari'ah , ma anche a seconda che i paesi utilizzino il diritto comune o civile. Inoltre, le aspettative dei clienti su ciò che costituisce una governance accettabile ed efficace della Shari'ah differiscono e, come risulterà evidente da questo studio, la maggior parte dei sistemi attualmente impiegati sono guidati dal mercato piuttosto che dallo stato. In effetti, nel regno della finanza islamica, la governance della Shari'ah è stata ampiamente privatizzata piuttosto che nazionalizzata . La credibilità delle istituzioni finanziarie nei confronti dei loro clienti è stata evidenziata dalla crisi finanziaria del 2008, quando alcune istituzioni finanziarie convenzionali hanno dovuto affrontare una corsa ai depositi. Molte istituzioni finanziarie convenzionali hanno scoperto di aver perso la fiducia di altre banche e, quindi, di non poter più fare affidamento sul mercato interbancario per i finanziamenti. Il semplice fatto di avere un Consiglio per la Shari'ah , ovviamente, non fornisce immunità alle crisi di liquidità o supera le difficoltà associate alla stretta creditizia, ma è stato evidente che in molte giurisdizioni le banche islamiche se la sono cavata meglio delle loro controparti convenzionali.

Ciò era dovuto a due fattori che erano positivamente collegati al governo della Shari'ah . In primo luogo, le banche islamiche devono fare affidamento sui depositanti piuttosto che sui prestiti interbancari per i loro finanziamenti, cosa che le ha immunizzate dalla stretta creditizia. Tuttavia, la loro capacità di continuare a sfruttare questi fondi dipende dalla percezione del depositante dell'integrità del sistema di governance della Shari'ah . In secondo luogo, le banche islamiche non possono detenere attività che alla fine si dimostrerebbero tossiche, ad esempio swap su derivati di credito o obbligazioni di debito garantite, poiché tali attività non sono conformi alla Shari'ah e la loro acquisizione non sarebbe stata approvata da alcun consiglio della Shari'ah .

In altre parole, sebbene la gestione del credito, della liquidità, dei rischi operativi e di altro tipo sia responsabilità del consiglio di amministrazione di una banca islamica e non del consiglio della Shari'ah , una buona governance della Shari'ah impedisce alle istituzioni finanziarie di danneggiarsi. In sostanza, questa crisi finanziaria, come altre precedenti, è stata causata dall'avidità umana e dagli eccessi incontrollati. Tale comportamento non ha posto nella finanza islamica, ed è un'efficace governance della Shari'ah che promuove la moderazione e la giustizia nelle transazioni finanziarie.

Il problema dell'agenzia nasce dal rapporto tra la proprietà e la direzione. Lo scandalo della corporate governance ha portato gli studiosi a definire la corporate governance in base alla prospettiva del problem solving o alla prospettiva degli affari societari. Inoltre, la maggior parte delle definizioni afferma che il meccanismo di governance interna coinvolge il consiglio di amministrazione e la struttura proprietaria, mentre l'esterno prevede l'acquisizione del mercato e del sistema legale. I governi dei 30 paesi dell'OCSE hanno approvato una versione riveduta dei Principi di Corporate Governance dell'OCSE aggiungendo nuove raccomandazioni per le buone pratiche nel comportamento aziendale al fine di ricostruire e mantenere la fiducia del pubblico nelle società e nei mercati azionari. I Principi rivisti rispondono a una serie di questioni che negli ultimi anni hanno minato la fiducia degli investitori nella gestione aziendale. Chiedono ai governi di garantire quadri normativi veramente efficaci e alle aziende stesse di essere realmente responsabili. Sostengono una maggiore consapevolezza tra gli investitori istituzionali e un ruolo effettivo per gli azionisti nella remunerazione dei dirigenti. Raccomandano inoltre una maggiore trasparenza e divulgazione per contrastare i conflitti di interesse.

Il governo societario mira a fornire alle istituzioni un corpus di regole e principi, al fine di garantire che le buone pratiche guidino la gestione complessiva di un'istituzione. Ora è venuto a significare l'intero processo di gestione di una società e la struttura degli incentivi per affrontare le questioni principale-agente e garantire che la direzione esecutiva serva i migliori interessi a lungo termine degli azionisti e il valore sostenibile della società in conformità con le leggi e etica del paese. Tutti i complessi fattori coinvolti nel bilanciamento del potere tra l'amministratore delegato (CEO), il consiglio di amministrazione e gli azionisti sono ora considerati parte del quadro di governo societario, tra cui revisione contabile, bilancio e informativa fuori bilancio , e trasparenza.

Pertanto, il governo societario si riferisce al metodo con cui una società è diretta, amministrata e controllata. Include le leggi e le consuetudini che influenzano quella direzione, nonché gli obiettivi per i quali è governata. I meccanismi, gli incentivi ei controlli di governo societario sono progettati per ridurre le inefficienze che derivano dall'azzardo morale e dalla selezione avversa. Il governo societario è visto anche come un processo di monitoraggio delle prestazioni applicando adeguate contromisure e trattando con trasparenza, integrità e responsabilità. Organizza il modo in cui le società sono responsabili nei confronti degli azionisti e del pubblico, e anche il monitoraggio della direzione esecutiva delle organizzazioni nella gestione delle loro attività.

I Principi di Corporate Governance dell'OCSE, pubblicati per la prima volta nel 1999, sono stati ampiamente adottati come punto di riferimento sia nei paesi OCSE che altrove. Sono utilizzati come uno dei 12 standard chiave dal Financial Stability Forum per garantire la stabilità finanziaria internazionale e dalla Banca mondiale nel suo lavoro per migliorare la corporate governance nei mercati emergenti.

Nel 2002, i governi dell'OCSE hanno chiesto una revisione dei Principi per tener conto degli sviluppi nel settore delle imprese. Il testo riveduto è il prodotto di un processo di consultazione che ha coinvolto rappresentanti di governi OCSE e non OCSE, nonché di imprese e organismi professionali, sindacati, organizzazioni della società civile e organismi internazionali di normazione. L'OCSE ha avviato una revisione dei principi nel 2003 considerando i recenti cambiamenti e sviluppi e, dopo un'ampia revisione, il processo ha portato all'adozione dei principi OCSE rivisti e rivisti di governo societario nell'aprile 2004. I principi di revisione non solo riflettono l'esperienza dei paesi OCSE ma anche l'economia emergente e in via di sviluppo. I principi rivisti sono di natura non vincolante e spetta ai governi e ai partecipanti al mercato decidere per il proprio quadro. Ha inoltre confermato l'adattabilità dei principi come riferimento in diversi contesti giuridici, economici e culturali. "Il governo societario è il sistema attraverso il quale le società commerciali sono dirette e controllate. Il governo societario specifica la distribuzione dei diritti e delle responsabilità tra i diversi partecipanti alla società, come il consiglio di amministrazione, i dirigenti, gli azionisti e altre parti interessate, e precisa le regole e le procedure per prendere decisioni sugli affari societari. Così facendo, fornisce anche le strutture attraverso le quali vengono fissati gli obiettivi aziendali, i mezzi per raggiungerli e monitorare le performance". Di seguito sono riportate le aree principali dei principi OCSE e la sua annotazione:

Principio 1: garantire le basi per un efficace quadro di governo societario.

quadro di governo societario dovrebbe promuovere mercati trasparenti ed efficienti, essere coerente con lo stato di diritto e articolare chiaramente la divisione delle responsabilità tra le diverse autorità di vigilanza, regolamentazione e applicazione.

Principio 2: Il diritto degli azionisti e le funzioni di proprietà chiave.

:   il quadro di governo societario dovrebbe tutelare e facilitare l'esercizio dei diritti degli azionisti.

Principio 3: Il trattamento equo degli azionisti.

Nota: il quadro di governo societario dovrebbe garantire il trattamento equo di tutti gli azionisti, compresi gli azionisti di minoranza e stranieri. Tutti gli azionisti dovrebbero avere l'opportunità di ottenere un risarcimento effettivo per la violazione dei loro diritti.

Principio 4: Il ruolo degli stakeholder nella corporate governance.

: il quadro di   governo societario dovrebbe riconoscere i diritti delle parti interessate stabiliti dalla legge o attraverso accordi reciproci e incoraggiare la cooperazione attiva tra le società e le parti interessate nella creazione di ricchezza, posti di lavoro e la sostenibilità delle imprese finanziariamente sane.

Principio 5: Divulgazione e trasparenza.

quadro di governo societario dovrebbe garantire che venga effettuata una divulgazione tempestiva e accurata su tutte le questioni materiali riguardanti la società, compresa la situazione finanziaria, le prestazioni, la proprietà e il governo della società.

Principio 6: Le responsabilità del consiglio.

quadro di governo societario dovrebbe garantire la guida strategica della società, l'effettivo monitoraggio della gestione da parte del consiglio e la responsabilità del consiglio nei confronti della società e degli azionisti.

Il tema principale del principio di cui sopra si trova in quattro principi di base. In primo luogo, il meccanismo dell'etica degli affari, in secondo luogo il meccanismo del processo decisionale, in terzo luogo in un'adeguata informativa e trasparenza e infine il meccanismo della tenuta dei libri e dei conti finali. Questi principi dell'OCSE sono così solidi che anche i non membri dell'OCSE li stanno implementando e adottando.

La solidità di questi principi è stata dimostrata dalla loro adozione in tutto il mondo. La prossima sezione discuterà la visione islamica del governo corporativo dal punto di vista islamico.

I ricercatori hanno definito la governance aziendale in vari modi e seguono le definizioni più ampiamente citate. L'OCSE definisce il CG come "un insieme di relazioni tra il management di un'azienda, il suo consiglio di amministrazione, i suoi azionisti e altri stakeholder. La Corporate Governance fornisce anche la struttura attraverso la quale sono fissati gli obiettivi della società, e sono determinati i mezzi per raggiungere tali obiettivi e monitorare le prestazioni".

Questa definizione fornisce importanti attributi di CG e sottolinea la trasparenza. Tuttavia, non tratta direttamente la questione intrinseca degli obiettivi di business che dovrebbero guidare la distribuzione dei diritti e delle responsabilità all'interno dell'azienda. In effetti, ci si può aspettare che gli obiettivi dei fondatori di una società, siano essi l'aumento del valore degli azionisti o il perseguimento dell'interesse degli stakeholder, influiscano su tale distribuzione e modellino la struttura ei sistemi istituzionali. In particolare, la ripartizione dei diritti e delle responsabilità tra azionisti e altri stakeholder sarebbe guidata dagli interessi di chi costituisce la società e successivamente la controlla.

I principi rivisti sottolineano l'importanza di un quadro normativo nel governo societario che promuova mercati efficienti, faciliti l'effettiva applicazione e definisca chiaramente le responsabilità tra le diverse autorità di vigilanza, regolamentazione e applicazione. Sottolineano inoltre la necessità di garantire linee trasparenti di responsabilità gestionale all'interno delle società in modo da rendere i consigli di amministrazione e il management veramente responsabili. Altre questioni affrontate dai Principi rivisti includono:

Investitori istituzionali

- Devono divulgare le loro politiche di governo societario, come decidono in merito all'uso dei loro diritti di voto e come gestiscono i conflitti di interesse che potrebbero compromettere il loro voto;

- Le restrizioni alle consultazioni tra azionisti sulle loro intenzioni di voto dovrebbero essere ridotte per ridurre il costo di una proprietà informata.

Diritti degli azionisti

- I diritti degli investitori devono essere rafforzati. Gli azionisti dovrebbero poter rimuovere i membri del consiglio e partecipare efficacemente ai processi di nomina ed elezione;

- Dovrebbero essere in grado di far conoscere le loro opinioni sulla politica di remunerazione dei dirigenti e del consiglio di amministrazione e qualsiasi componente azionaria dovrebbe essere soggetta alla loro approvazione.

Conflitti di interesse e responsabilità del revisore

- Un nuovo principio richiede alle agenzie di rating e agli analisti di evitare conflitti di interesse che potrebbero compromettere la loro consulenza;

- I doveri del revisore devono essere rafforzati e includere la responsabilità nei confronti degli azionisti e il dovere nei confronti della società di esercitare la dovuta diligenza professionale durante lo svolgimento di una revisione contabile;

- I revisori dovrebbero essere totalmente indipendenti e non essere compromessi da altri rapporti con la società.

Diritti degli stakeholder e tutela degli informatori

- I Principi fanno riferimento ai diritti degli stakeholder, siano essi stabiliti dalla legge o attraverso accordi reciproci.

- Un nuovo principio sostiene la protezione degli informatori, comprese le istituzioni attraverso le quali le loro denunce o accuse possono essere indirizzate e prevede l'accesso riservato a un membro del consiglio.

Responsabilità del consiglio di amministrazione

- Sono stati chiariti i compiti e le responsabilità del consiglio di amministrazione di natura fiduciaria, particolarmente rilevante quando si tratta di gruppi societari;

- Il principio dell'indipendenza e dell'obiettività del consiglio è stato esteso per evitare conflitti di interesse e per coprire situazioni caratterizzate da azionisti di blocco e di controllo, nonché la responsabilità del consiglio per la supervisione dei sistemi di controllo interno sull'informativa finanziaria.

Un concetto di governo societario dal punto di vista islamico non differisce molto dalla definizione convenzionale in quanto si riferisce a un sistema mediante il quale le società sono dirette e controllate con lo scopo di raggiungere l'obiettivo della società proteggendo tutti gli interessi e i diritti delle parti interessate. Unicamente, nel contesto della corporate governance all'interno del paradigma islamico, presenta caratteristiche e caratteristiche distinte rispetto al sistema convenzionale in quanto si riferisce come un caso speciale di una teoria decisionale più ampia che utilizza la premessa dell'epistemologia socio-scientifica islamica che è premessa sulla divina unicità di Dio . Una definizione del comitato finanziario sul governo societario in Malesia nella relazione sul governo societario affermava che:

Il governo societario è il processo e la struttura utilizzati per dirigere e gestire l'attività e gli affari della società verso il miglioramento della prosperità aziendale e della responsabilità aziendale con l'obiettivo finale di realizzare valore per gli azionisti a lungo termine, tenendo conto degli interessi di altre parti interessate.

Ciò indica che il governo societario non si applica solo agli azionisti ma anche agli altri stakeholder.

Il governo societario nella finanza islamica richiede che le istituzioni finanziarie islamiche rispettino una serie di regole chiamate legge islamica o Shari'ah . La Shari'ah governa le operazioni e le transazioni della banca in accordo con i principi islamici derivati dal Corano e dagli Hadith.

1. Governance della Shari'ah nella finanza islamica

Le istituzioni finanziarie islamiche hanno il dovere di garantire il rispetto dei principi della Shari'ah in tutti gli aspetti dei loro prodotti, strumenti, operazioni, pratiche e gestione, che sarà raggiunto mediante l'istituzione di un adeguato quadro di governance della Shari'ah . così La supervisione della Shari'ah svolge un ruolo essenziale nella governance delle istituzioni finanziarie islamiche e fa parte della componente principale del quadro di governance della Shari'ah . Uno dei ruoli del consiglio di sorveglianza della Shari'ah è consigliare le istruzioni finanziarie islamiche in materia di Shari'ah per garantire la conformità con la regola della Shari'ah nelle sue operazioni in ogni momento, approvando e convalidando la documentazione pertinente relativa ai prodotti e servizi di le istituzioni finanziarie islamiche. Il ruolo ideale della supervisione della Shari'ah coinvolge gli aspetti ex ante ed ex post della governance della Shari'ah e questi includono la dichiarazione, la supervisione e la revisione della Shari'ah . Sotto questo aspetto, il quadro di governance della Sharia in Malesia si basa sul modello centralizzato rispetto al decentralizzato praticato nei paesi del CCG . Il modello centralizzato è formato sulla base del fatto che la banca centrale stessa ha un proprio consiglio di sorveglianza della Shari'ah chiamato Shari'ah Advisory Board in virtù della sezione 51 del Central Bank of Malaysia Act 2009 e tutte le istituzioni finanziarie islamiche sono tenute a formare il proprio comitato Shari'ah che deve rispettare le regole stabilite dal Shari'ah Advisory Board della Banca Centrale. L'importanza della supervisione della Shari'ah deriva da cinque diverse risorse: religiosa, sociale, economica, legale e di governo. La posizione religiosa deriva dall'abilità degli studiosi della Shari'ah nel comprendere e interpretare i principi della Shari'ah agli altri. Il potere sociale della supervisione della Shari'ah fornisce fiducia alle parti interessate sulla legittimità delle transazioni e delle attività delle istituzioni finanziarie islamiche. Il potere economico della supervisione della Shari'ah può essere visto dal fatto che la redditività di un istituto finanziario islamico dipende dalle prestazioni degli studiosi della Shari'ah . Per quanto riguarda il potere legale, deriva da una varietà di fonti, comprese le autorità di regolamentazione dei rispettivi paesi. La posizione gerarchica della supervisione della Shari'ah sotto gli azionisti delle istituzioni finanziarie islamiche sottolinea la sua supremazia sugli altri organi di governo, conferendo loro l'autorità di stabilire la loro politica interna, inclusi compiti, responsabilità e relazioni con altri organi di governo nelle istituzioni finanziarie islamiche.

La governance della Shari'ah , che fa riferimento a tutti gli elementi relativi al ruolo attivo del consiglio della Shari'ah e al rispetto della Shari'ah , è fondamentale per le banche islamiche in particolare e l'attuazione della governance della Shari'ah è incoraggiata da istituzioni internazionali di regolamentazione come Accounting and Auditing Organization for Islamic Financial Institution (AAOIFI) e monitoraggio del consiglio di amministrazione della Shari'ah per i servizi finanziari islamici.

La SSB svolge un ruolo molto importante nell'assicurare un buon governo della Shari'ah . Il ruolo della SSB è quello di includere la consulenza del consiglio di amministrazione in materia di Shari'ah per garantire che le operazioni siano sempre conformi ai principi della Shari'ah , approvando e convalidando la documentazione pertinente relativa ai prodotti e servizi, nonché le politiche interne e manuali e pubblicità di marketing.

dinamico e buono della Shari'ah è l'essenza stessa dello sviluppo del settore bancario e finanziario islamico in Malesia. Una buona governance della Shari'ah garantisce la dinamicità della crescita finanziaria islamica.

L'interesse delle parti interessate può estendersi oltre l'interesse finanziario a valori etici, religiosi o di altro tipo quando si richiede una buona governance aziendale. Nelle banche islamiche gli azionisti e gli studiosi islamici richiedono che il funzionamento dei servizi offerti sia soggetto alla legge della Shari'ah , altrimenti sarà soggetto a processo senza autorizzazione. Pertanto, il governo societario attraverso l'operazione Shari'ah è essenziale.

Ogni banca o istituto finanziario islamico ha consulenti religiosi interni, noti collettivamente come SSB, come parte della struttura di governance interna dell'istituto, in alcuni paesi le autorità hanno creato accordi di supervisione, come il consiglio della Shari'ah nei dipartimenti bancari islamici all'interno agenzie di controllo. Questi di solito operano in connessione con agenti di mercato privati indipendenti che hanno familiarità con la finanza islamica.

Le prerogative di SSB risiedono in cinque aree principali: certificazione degli strumenti finanziari ammissibili tramite fatwa (ex ante Shari'ah audit), verifica della conformità delle transazioni alle fatwa emesse (ex post Shari'ah audit) il calcolo e il pagamento della Zakat, disposizione di guadagni non conformi alla Shari'ahpayment, consulenza alla distribuzione di entrate o spese tra gli azionisti della banca e titolari di conti di investimento. Ogni FFS emette un rapporto per certificare il rispetto della Shari'ah di tutte le transazioni finanziarie. Oltre a Sai Baba, la maggior parte delle istituzioni finanziarie islamiche ha istituito un'altra struttura interna di revisione della Shari'ah , vale a dire le unità di revisione della Shari'ah . Tali unità sono indipendenti da altre funzioni o sono parte integrante della funzione di internal audit e controllo.

Negli ultimi anni, l'Islamic Financial Services Board (IFSB) ha sviluppato tre principi guida per aiutare a rafforzare le strutture e i processi di governance in vari segmenti dell'industria dei servizi finanziari islamici (IFSI) in linea con il suo mandato di promuovere la solidità e la stabilità del sistema finanziario islamico È stato notato che in tutti e tre i progetti, le preoccupazioni sui ruoli e le funzioni dei comitati della Shari`ah , che costituiscono parte del più ampio sistema di governance, sono state un tema ricorrente. Questo è fondamentale, considerando che il rispetto delle regole e dei principi della Shari'ah è la raison d'être dell'IFSI. Infatti, anche altri standard IFSB – come quelli sulla gestione del rischio, l'adeguatezza patrimoniale e il processo di revisione prudenziale – contengono requisiti e raccomandazioni volte a garantire che sia in atto un adeguato sistema di governance della Shari`ah .

Di conseguenza, il Consiglio IFSB, durante la sua nona riunione a Jeddah, ha approvato la preparazione di una serie di principi guida sul sistema di governance della Shari`ah , che dovrebbe: (Hasan, 2009, 2010, 2011)

(a) integrare altri standard prudenziali emanati dall'IFSB evidenziando in modo più dettagliato alle autorità di vigilanza in particolare, e alle altre parti interessate del settore in generale, le componenti di un solido sistema di governance della Shari`ah , in particolare per quanto riguarda la competenza, l'indipendenza , riservatezza e coerenza dei consigli di Shari`ah ;

(b) facilitare una migliore comprensione delle questioni di governance della Shari`ah e di come le parti interessate dovrebbero accertarsi che sia in atto un sistema di governance della Shari`ah adeguato ed efficace ;

(c) fornire un maggiore grado di trasparenza in termini di emissione e il processo di audit/revisione per la conformità alle regole della Shari`ah ; e

(d) fornire una maggiore armonizzazione delle strutture e delle procedure di governance della Shari`ah tra le giurisdizioni, soprattutto perché vi è un numero crescente di IIFS con operazioni transfrontaliere.

Il termine " Shari'ah Governance System", pur essendo comunemente utilizzato all'interno dell'IFSI per riferirsi a strutture e processi adottati dagli stakeholder dell'IFSI (dalle autorità di regolamentazione finanziaria agli attori del mercato) per garantire il rispetto delle regole e dei principi della Shari'ah , non ha stato adeguatamente definito in uno qualsiasi degli standard esistenti. Per motivi di chiarezza, questo documento adotterà la seguente definizione di " Sistema di governance della Shari'ah " e l'altra terminologia chiave:

" Shari'ah Governance System" si riferisce all'insieme di accordi istituzionali e organizzativi attraverso i quali un IIFS garantisce che vi sia un'effettiva supervisione indipendente della conformità alla Shari'ah su ciascuna delle seguenti strutture e processi: (Hasan, 2009, 2010, 2011)

(a) Emissione di pronunce/risoluzioni relative alla Shari'ah Le "pronunciazioni/risoluzioni sulla Shari'ah " si riferiscono a un parere giuridico su qualsiasi questione relativa alle questioni relative alla Shari'ah nella finanza islamica, fornito dal consiglio della Shari'ah debitamente incaricato . Nelle giurisdizioni in cui esiste un'autorità centrale come il consiglio nazionale per la Shari'ah o il Consiglio Fatwa, tale autorità centrale ha il potere di emettere tali dichiarazioni/risoluzioni, con il risultato che il consiglio per la Shari'ah presso l' IIFS di solito si concentra solo sull'assicurare che il L'IIFS è conforme alle pronunce/delibere emesse dall'autorità centrale. Una volta deciso che una dichiarazione/risoluzione della Shari`ah dovrebbe essere effettivamente implementata, diventa una " sentenza della Shari`ah " (hukm al - Shar'i) con pieno effetto legale che vincola l'IIFS . Una dichiarazione/risoluzione della Shari`ah devono essere rilasciati solo attraverso opportuni processi che, tra l'altro, dovrebbero comportare una rigorosa deliberazione tra i membri del consiglio della Shari'ah su qualsiasi proposta di prodotto o transazione conforme alla Shari'ah che richieda un'approvazione della Shari'ah , nonché un esame dettagliato dei contratti legali e di altri documenti relativi ai prodotti o alle transazioni.

(b) Divulgazione di informazioni su tali pronunciamenti/risoluzioni della Shari'ah al personale operativo dell'IIFS che monitora l'osservanza quotidiana dei pronunciamenti/risoluzioni della Shari'ah nei confronti di ogni livello di operazioni e di ogni transazione Tale compito verrebbe normalmente svolto da una " unità/dipartimento interno per la conformità alla Shari'ah (ISCU)" designata, o almeno da un funzionario per la conformità alla Shari'ah che fa parte del team di conformità dell'IIFS. L'IIFS doterà l'ISCU delle adeguate capacità di monitoraggio della conformità e della relativa conoscenza della shari'a , ad esempio riunendo un team di personale con le due diverse competenze. L'IIFS dovrebbe inoltre garantire che l'ISCU sia separato e indipendente dalle unità aziendali e dai dipartimenti.

(c) Una revisione/verifica interna della conformità alla Shari`ah per verificare che la conformità alla Shari`ah sia stata soddisfatta, durante la quale qualsiasi incidente di non conformità sarà registrato e segnalato e, per quanto possibile, affrontato e rettificato. Set IFSB-3 che le dichiarazioni/risoluzioni della Shari`ah emesse dai consigli della Shari`ah dovrebbero essere rigorosamente rispettate. La revisione interna della Shari'ah sarebbe quindi assegnata a qualcuno adeguatamente addestrato nella revisione/verifica della conformità alla Shari'ah , in modo che abbia una comprensione competente del processo.

Sebbene l' ISCU faccia parte del team di conformità dell'IIFS , l' unità/dipartimento interno di revisione/audit della Shari'ah (ISRU) può essere istituito per funzionare in modo simile al team di audit interno dell'IIFS. La differenza principale è che mentre il revisore interno di solito riferirà al Comitato di verifica, l'ISRU riferirà al consiglio della Shari'ah .

Ove appropriato, i rapporti interni di revisione/audit della Shari'ah richiederanno o raccomanderanno alla direzione dell'IIFS di affrontare e correggere eventuali problemi di conformità alla Shari'ah .

(d) Una revisione/verifica annuale della conformità alla Shari`ah per verificare che la revisione/verifica interna della conformità alla Shari`ah sia stata eseguita in modo appropriato e che i suoi risultati siano stati debitamente annotati dal consiglio della Shari`ah Il consiglio della Shari`ah che ha emesso il documento Le dichiarazioni/risoluzioni della Shari`ah possono farsi carico di questo processo, dopo aver ricevuto feedback e rapporti dall'ISRU. In alternativa, questo compito può essere assegnato a un revisore esterno adeguatamente competente oa una società esterna di Shari'ah .

Il consiglio della Shari'ah o la società di consulenza sulla Shari'ah che effettua la revisione /audit di conformità alla Shari'ah deve produrre rapporti che indichino se l'IIFS ha rispettato i requisiti della Shari'ah durante l'anno finanziario.

Ove appropriato e se ritenuto necessario, potrebbero essere prodotte due serie di relazioni: una dichiarazione generale di conformità che dovrebbe essere inclusa nella relazione annuale dell'IIFS; e un resoconto più dettagliato del lavoro di conformità intrapreso rivolto specificamente a

le autorità di controllo.

2. Modello di governance della Shari'ah dal punto di vista normativo

Shari'ah come definito dai principi guida dell'IFSB sul sistema di governance della Shari'ah nelle istituzioni che offrono servizi finanziari islamici (IFSB-10) si riferisce a una serie di accordi istituzionali e organizzativi per supervisionare gli aspetti di conformità alla Shari'ah nelle istituzioni finanziarie islamiche (IFI) .

A questo proposito, la maggior parte delle IFI ha istituito il proprio consiglio per la Shari'ah e alcune di esse hanno persino istituito un'unità o un dipartimento interno dedicato alla revisione della Shari'ah per supportare il consiglio della Shari'ah nello svolgimento delle proprie funzioni. Ciò indica uno sviluppo positivo sull'aspetto del sistema di governance della Shari'ah nelle IFI. Osservando il diverso quadro e lo stile della governance della Shari'ah in vari ambienti legali e diversi modelli bancari.

privilegio che impedisce loro di intraprendere un'azione legale da parte dell'istituto finanziario islamico, se può essere dimostrato che tali doveri sono stati svolti in buona fede.

La corporate governance ha acquisito grande importanza negli ultimi tre decenni anche nel sistema finanziario convenzionale a causa della continua instabilità finanziaria. Sarebbe di importanza ancora maggiore nel sistema islamico a causa del rischio aggiuntivo a cui i depositanti sarebbero esposti quando le banche inizieranno davvero a passare alle modalità di condivisione del rischio. Ciò rappresenta una sfida importante per le banche islamiche per migliorare tutti gli aspetti cruciali della corporate governance. La sfida diventerà più seria man mano che queste istituzioni si espandono ei loro problemi diventano più complessi. Questa sfida potrebbe essere affrontata con successo se il Consiglio di Amministrazione e l'Alta Direzione diventassero più efficaci nello svolgimento delle loro responsabilità.

Un governo societario efficace nelle banche così come nelle imprese che utilizzano fondi bancari è uno dei pilastri più importanti del nuovo ambiente che deve essere creato per sostituire il vecchio ambiente socio-economico che non esiste più. Sfortunatamente, tuttavia, il governo societario è generalmente considerato debole nelle aziende della maggior parte dei paesi in via di sviluppo. Questo perché tutte le istituzioni che svolgono un ruolo cruciale nel disciplinare i mercati e garantire efficienza e integrità non sono ben sviluppate in questi paesi. Le asimmetrie informative sono più gravi, i partecipanti al mercato meno esperti e le normative, anche se esistono, non vengono applicate in modo efficace e imparziale a causa della corruzione politica e della generale debolezza dei sistemi giudiziari. Anche le informative non sono adeguate e le pratiche contabili non sono ben sviluppate. Di conseguenza, queste società soffrono di inefficienze e disuguaglianze che influiscono negativamente su tutti gli stakeholder. Gli effetti negativi di un governo societario inefficace possono essere più gravi nel caso degli istituti finanziari perché il numero delle loro parti interessate è molto più elevato ei rischi sistemici sono molto maggiori. Non c'è motivo di presumere che, anche se finora le istituzioni finanziarie islamiche hanno fatto abbastanza bene, siano state necessariamente in grado di sfuggire alle trappole della debole corporate governance prevalente nei paesi in via di sviluppo. Dovrebbe essere possibile migliorare considerevolmente le loro prestazioni e servire molto meglio gli interessi di tutte le parti interessate rendendo il governo societario più efficace in queste istituzioni. Pertanto, la forte motivazione di un maggiore affidamento sull'equità in un'economia islamica intensifica la necessità di adottare tutte quelle misure che non solo contribuirebbero a migliorare il funzionamento del sistema finanziario, ma salvaguarderebbero anche gli interessi di tutti gli stakeholder.

Senza un governo societario efficace, potrebbe non essere possibile rafforzare le banche islamiche e consentire loro di espandersi rapidamente e di svolgere efficacemente il loro ruolo. Questa esigenza diventerà sempre più seria man mano che le istituzioni si espandono ei loro problemi diventano più complessi - problemi che eroderanno la loro capacità a lungo termine di affrontare con successo le sfide che devono affrontare. Non è quindi possibile evitare l'adozione di tutte quelle misure che contribuirebbero a migliorare il funzionamento di queste istituzioni.

A tal fine, è importante affinare gli strumenti di governo societario, i più importanti dei quali sono: controlli interni, gestione del rischio, trasparenza, contabilità e divulgazione dei prestiti, liquidazione e audit della Shari'ah , audit esterno e regolamentazione e vigilanza prudenziale . Il totale affidamento su questi, tuttavia, non sarebbe sufficiente. L'impegno morale da parte di tutti gli operatori del mercato è indispensabile. Senza tale impegno, gli operatori del mercato troveranno diversi modi per violare la legge senza essere scoperti e puniti. Ciò creerà la necessità di un numero sempre maggiore di verifiche e controlli legali, che aumenteranno i costi delle transazioni a un livello insopportabilmente elevato. Anche renderli veramente responsabili davanti agli azionisti e ai depositanti mediante l'adozione delle misure discusse in questo documento dovrebbe essere di grande aiuto. Ciò che serve è anche la creazione di un certo numero di istituzioni condivise come discusso in precedenza. Senza tali istituzioni anche le banche con la migliore corporate governance potrebbero non essere in grado di evitare le crisi.

Tuttavia, il governo societario è generalmente debole in tutti i paesi e in particolare nei paesi in via di sviluppo , nella cui categoria rientrano attualmente quasi tutti i paesi musulmani. Questo perché tutte le istituzioni che svolgono un ruolo cruciale nel disciplinare i mercati e garantire efficienza e integrità non sono ben sviluppate in questi paesi. Le asimmetrie informative sono più gravi, i partecipanti al mercato meno esperti e le normative, anche se esistono, non sempre vengono applicate in modo efficace e imparziale a causa della corruzione politica e della generale debolezza dei sistemi giudiziari. Anche le informative non sono adeguate e le pratiche contabili non sono ben sviluppate. Gli effetti negativi di un governo societario inefficace possono essere più gravi nel caso degli istituti finanziari perché la loro leva finanziaria è molto più elevata, il numero delle loro parti interessate è più ampio ei rischi sistemici del loro fallimento sono molto più gravi. Non c'è motivo di presumere che, anche se finora le istituzioni finanziarie islamiche hanno fatto abbastanza bene, siano state necessariamente in grado di sfuggire alle trappole della debole corporate governance prevalente nei paesi in via di sviluppo. Non è quindi possibile evitare l'adozione di tutte quelle misure che contribuirebbero a migliorare il funzionamento di queste istituzioni. Il ruolo del Consiglio di Amministrazione e dell'Alta Direzione è di cruciale importanza in questo senso. È gratificante notare che quasi tutti i paesi musulmani stanno attualmente implementando le linee guida del BCBS.

A. Il Consiglio di Amministrazione

Il Consiglio di Amministrazione non può, tuttavia, svolgere efficacemente tale ruolo se i suoi componenti non sono dotati di un elevato grado di integrità morale nonché di competenza professionale nell'attività bancaria. Devono essere adeguatamente consapevoli dei rischi e delle complessità dell'attività bancaria. In un sistema islamico, devono avere l'ulteriore qualifica di essere ben versati nella Shari'ah e nei suoi obiettivi e in particolare nella logica alla base del divieto di interesse. Dovrebbero garantire un'adeguata trasparenza in linea con gli standard stabiliti dal CBVB, dall'IFSB e dall'autorità di vigilanza del proprio paese attraverso un flusso regolare di informazioni pertinenti agli amministratori, all'alta dirigenza, ai revisori, ai supervisori, agli azionisti, ai depositanti e al pubblico secondo alle esigenze di ciascuno al fine di assicurare un adeguato controllo sugli affari della banca. Devono istituire un solido sistema di controllo interno, procedure contabili adeguate, audit interni ed esterni efficaci, un'efficiente gestione del rischio e tutti i controlli e gli equilibri, le norme, i regolamenti e le procedure necessari.

L'esperienza ha dimostrato che gli amministratori non svolgono necessariamente i loro ruoli in modo efficace. Ci sono una serie di ragioni per questo. Uno di questi è che i membri del Consiglio potrebbero non avere necessariamente la competenza professionale e l'integrità morale necessarie per gestire la banca in modo efficiente. Un altro motivo è che i membri del consiglio non sono sempre veramente eletti dagli azionisti e non sono necessariamente responsabili davanti a loro. Le elezioni non si svolgono regolarmente a intervalli definiti e, anche se lo fanno, le prove indicano che gli azionisti non sono attivamente coinvolti nell'elezione o nella rimozione degli amministratori. Ciò consente ai membri del consiglio di perpetuarsi ed è generalmente difficile rimuoverli se non attraverso acquisizioni. Questi sono, tuttavia, costosi e potenzialmente dannosi e, pertanto, potrebbero non essere un possibile rimedio se non in casi estremi. Per correggere questa situazione, è necessario disporre di una procedura elettorale trasparente e adottare misure che consentano agli azionisti di minoranza e ai depositanti di investimento di avere voce in capitolo nelle decisioni del Consiglio. È inoltre necessario consentire agli azionisti di rimuovere i membri del consiglio di amministrazione nel caso in cui i loro risultati siano di gran lunga inferiori alle loro aspettative. È quindi imperativo introdurre riforme nelle procedure elettorali e regole di delega per consentire agli azionisti di eleggere persone competenti e coscienziose nel Consiglio di amministrazione e impedire loro di perpetuarsi nonostante le loro scarse prestazioni.

È inoltre necessario sviluppare un'infrastruttura legale e regolamentare per proteggere i diritti non solo degli azionisti di minoranza ma anche dei depositanti (entrambi outsider). In un certo numero di paesi le società possono chiedere agli azionisti registrati, che non sono in grado di partecipare alle assemblee generali, di trasferire i propri voti al Consiglio di amministrazione. Ciò rafforza ulteriormente le mani del Consiglio e gli consente di controllare le decisioni alle assemblee degli azionisti. Poiché il trasferimento dei diritti di voto comporta spesso conseguenze di vasta portata, che potrebbero non essere sempre nell'interesse di tutte le parti interessate, sarebbe auspicabile trasferire i diritti di voto alle associazioni di azionisti, se esistenti. Se tali associazioni non esistono, i diritti di voto possono essere trasferiti alle autorità di vigilanza oa società specializzate costituite nel settore privato per proteggere gli interessi delle parti interessate a fronte di un compenso, come discusso in seguito. Tutte e tre queste istituzioni sarebbero forse più qualificate per tutelare gli interessi delle parti interessate.

Sarebbe inoltre utile che in Consiglio vi fosse un numero adeguato di amministratori non esecutivi. L'evidenza empirica nel sistema convenzionale indica che gli amministratori non esecutivi influenzano positivamente la capacità di un consiglio di valutare e disciplinare i manager. Ciò è forse dovuto al fatto che tali amministratori non hanno alcuna responsabilità di gestione e potrebbero, pertanto, non avere un interesse acquisito a proteggere la gestione. Ci si può quindi aspettare che attribuiscano un peso maggiore agli interessi degli azionisti di minoranza e dei depositanti e, quindi, contribuiscano a iniettare capitale nella società. Se non soddisfano questa aspettativa, danneggerebbero la propria reputazione nel mercato del lavoro dei dirigenti . La rimozione dell'amministratore delegato (CEO) causata da scarse prestazioni è più probabile nei consigli dominati da estranei che in quelli dominati dall'interno. Tuttavia, anche qui ci sono problemi. Se gli amministratori non esecutivi non sono stati eletti dagli azionisti ma piuttosto scelti dall'azionista dominante o dall'amministratore delegato, dovrebbero a lui la loro carriera e, pertanto, sarebbero "privi delle informazioni e degli incentivi necessari per fornire un governo societario efficace e coerente". Ci sarà, quindi, un conflitto di interessi, che creerà una mancanza di volontà da parte loro di disciplinare l'alta dirigenza. Inoltre, le riunioni del consiglio potrebbero non essere frequenti e gli amministratori non esecutivi potrebbero, pertanto, non essere in grado di monitorare efficacemente le attività della società e garantire la correzione, in particolare se le critiche aperte alle politiche di gestione nelle riunioni del consiglio sono considerate maleducate. Poiché le banche islamiche sono generalmente piccole rispetto alle loro controparti convenzionali anche nei paesi musulmani, a parte il resto del mondo, anche la quantità di capitale da loro detenuta è molto piccola. Ciò consente la concentrazione delle azioni nelle mani di pochi amministratori esecutivi. Anche il numero di amministratori non esecutivi che possono fungere da controllo sugli amministratori esecutivi è ridotto. Poiché le ridotte dimensioni così come la concentrazione delle partecipazioni comportano il potenziale di portare a conseguenze indesiderate per la tutela degli interessi di tutti gli stakeholder, è auspicabile allargare le dimensioni delle banche e avviare riforme legali con l'obiettivo di ridurre la concentrazione, diversificare i rischi , e aumentando la capacità di queste banche di assorbire le perdite.

Sarebbe inoltre auspicabile introdurre alcune altre riforme per rendere più efficace il Consiglio di Amministrazione nelle sue funzioni. Uno di questi, che deve essere considerato seriamente, è quello di mettere in relazione la remunerazione dei membri del consiglio con le loro prestazioni nello stesso modo richiesto nei contratti mudaraba . Gli amministratori nella loro qualità di mudarib (imprenditori dirigenti) dovrebbero essere compensati solo per le loro spese effettive e non avere diritto a una commissione o remunerazione di gestione fissa come fanno nelle società moderne. La loro remunerazione dovrebbe essere una certa percentuale del profitto guadagnato dalla banca, se la banca realizza un profitto. Questo deve essere in aggiunta alla loro normale quota di profitto come gli altri azionisti sulla base delle loro partecipazioni. La quota percentuale di utili da attribuire agli amministratori per i loro servizi di gestione deve essere chiaramente specificata nello statuto in modo che sia ben nota agli azionisti. Se la società realizza un profitto, gli amministratori ottengono la percentuale di profitto specificata per i loro servizi. Ma se la società subisce una perdita , gli amministratori, come il mudarib , non ricevono una "commissione" per i loro servizi di gestione e dovrebbero condividere le perdite in proporzione alle loro partecipazioni azionarie. Gli amministratori riceverebbero quindi una ricompensa per i loro servizi solo se hanno contribuito ai profitti: maggiore è il profitto, maggiore è la loro ricompensa. Questo dovrebbe rivelarsi un incentivo per loro per prestazioni migliori.

B. Alta dirigenza

Mentre il consiglio di amministrazione si riferisce a persone che generalmente non sono solo azionisti ma partecipano anche al governo della banca, l'alta direzione si riferisce all'amministratore delegato e ad altri membri apicali del personale che svolgono funzioni di gestione ma non sono necessariamente azionisti. Le società moderne in genere non sono gestite dai loro proprietari (azionisti). Invece, vengono assunti manager professionisti per gestire l'attività. Sono "fiduciari".1 Questo crea il problema principale/agente e porta a un conflitto di interessi. È quindi necessario imporre restrizioni all'auto-contrattazione, alla frode, all'eccessivo compenso in diverse forme occulte e ad altre pratiche illecite.

Uno dei vincoli più importanti per la dirigenza è che le posizioni chiave non dovrebbero essere ricoperte da una sola persona ("principio dei quattro occhi"). Poiché l'Amministratore Delegato e il Presidente del Consiglio svolgono in banca due funzioni distinte, sarebbe preferibile che due persone diverse ricoprano tali incarichi in modo che vi sia una chiara divisione delle responsabilità al vertice della banca per garantire l'indipendenza e l'equilibrio delle potere e autorità. Né gli amministratori né il management dovrebbero essere autorizzati a rimanere in carica se non sono più competenti o qualificati per gestire la banca. Come sostenuto da Jensen e Ruback , i manager poveri che resistono alla sostituzione potrebbero essere la manifestazione più costosa del problema dell'agenzia.

È responsabilità del Consiglio di amministrazione e dell'alta direzione garantire controlli interni adeguati e una gestione efficace di tutti i rischi, inclusi il rischio di credito, il rischio di liquidità, il rischio di tasso di interesse ei rischi operativi. Anche se l'esposizione della maggior parte delle banche islamiche a questi rischi sembra essere relativamente elevata, finora sono state in grado di gestirli abbastanza bene. Tuttavia, questo potrebbe non continuare necessariamente in futuro. È quindi estremamente importante coltivare un'efficace cultura della gestione del rischio in queste banche per garantire la loro competitività e sopravvivenza in un mondo pieno di incertezze e crisi. Questo, tuttavia, non può essere fatto senza la collaborazione attiva del Consiglio di amministrazione, dell'alta dirigenza, degli studiosi della Shari'ah e delle autorità di vigilanza bancaria.

C. Quadri normativi e interni

1. Approccio Proattivo e Corporate Governance Integrata e Shari'ah

Alla luce delle numerose sfide affrontate dalla finanza islamica, si raccomanda che il settore necessiti di un quadro di approccio basato sulla regolamentazione, come spiegato in precedenza. Come prerequisito, la governance della Shari'ah deve far parte delle preoccupazioni dei regolatori e dei politici. Le autorità di regolamentazione dovrebbero monitorare in modo proattivo l'attuazione della governance della Shari'ah e imparare dall'esperienza di altre giurisdizioni nel coltivare il quadro di governance della Shari'ah . Il principio della governance della Shari'ah " taglia unica" non è appropriato in quanto il mercato e gli ambienti legali locali sono diversi

da un luogo all'altro. Nella progettazione del quadro di governance della Shari'ah , è una questione di necessità avere un quadro di governance aziendale e Shari'ah integrato. Queste due cose non devono essere separate poiché si completano a vicenda. Sotto questo aspetto, i principi o le linee guida sul governo societario devono tenere conto dell'elemento di governance della Shari'ah quando coinvolge istituzioni che offrono servizi finanziari islamici. Questo è importante perché il modello di governance orientato alle parti interessate nelle IFI richiede loro di proteggere i diritti e gli interessi di tutte le parti interessate.

2. Vigilanza ed esecuzione

Le autorità di regolamentazione dovrebbero disporre di un quadro completo per gli aspetti della supervisione e dell'applicazione, che comprenda linee guida scritte sulla supervisione per le autorità di vigilanza, direttive per le IFI emesse dalle autorità di vigilanza, risorse sufficienti con un'adeguata conoscenza delle questioni relative alla governance della Shari'ah e piena autorità per svolgere le funzioni esecutive. Le autorità di vigilanza dovrebbero fornire linee guida e assicurarsi di valutare le politiche e le procedure interne, nonché l'attuazione di tali procedure. È anche importante che le autorità di vigilanza ispezionino costantemente le IFI disponendo di un quadro adeguato che consenta loro di effettuare una valutazione delle politiche e degli strumenti di governance della Shari'ah delle IFI per rimediare a eventuali carenze.

3. Risoluzione delle controversie

Sarebbe uno sviluppo ideale se le autorità di regolamentazione istituissero un banco speciale per i casi di finanza islamica come parte della struttura del tribunale. In questo banco speciale, il tribunale può nominare giudici esperti di finanza islamica o le autorità di regolamentazione possono stanziare una certa quantità di fondi per fornire formazione a tali giudici. Inoltre, deve essere istituito un affidabile sistema di contenzioso sulla Shari'ah . Resta inteso che in un ambiente legale secolare, come nel Regno Unito, l'accordo di cui sopra è leggermente difficile da attuare. Pertanto, è importante che le autorità di regolamentazione nell'ambiente legale secolare prendano in considerazione un rinvio del tribunale a un consiglio della Shari'ah o a una Shari'ah esperto per determinare i casi che coinvolgono problemi di Shari'ah . In alternativa, può essere istituito un tribunale speciale per i casi di finanza islamica per gestire le controversie che coinvolgono IFI in questo tipo di giurisdizione.

I responsabili politici dovrebbero anche prendere in considerazione altre vie legali per la risoluzione delle controversie, come l'arbitrato e la mediazione. In questo momento, esistono diverse istituzioni per la risoluzione delle controversie internazionali, come il Dubai Centre for Arbitration and Conciliation, il GCC Commercial Arbitration Centre, il Bahrain Centre for International Commercial Arbitration Centre, la Corte internazionale di arbitrato della Camera di commercio internazionale, la London Court of International Arbitration, il Kuwait Centre for

Arbitrato commerciale, Centro arbitrale di Kuala Lumpur e altri. Alla luce di questi numerosi centri arbitrali, si raccomanda che ci sia un'istituzione specifica che offra risoluzioni alternative delle controversie e accordi per i casi di finanza islamica. In alternativa, i centri arbitrali esistenti dovrebbero sviluppare e migliorare le loro competenze e capacità nella finanza islamica in termini di risorse, quadri, procedure e strutture. A questo punto, queste istituzioni per l'arbitrato devono prepararsi a facilitarsi con le strutture e le risorse necessarie per affrontare la necessità di risoluzione delle controversie che coinvolgono casi di finanza islamica.

Al fine di garantire l'efficacia dell'arbitrato, la decisione o la soluzione dell'arbitrato dovrebbero essere rese vincolanti e definitive. L'effetto giuridicamente vincolante nell'arbitrato è cruciale al fine di garantire credibilità e fiducia in qualsiasi soluzione adottata nell'arbitrato. Nonostante ciò, è anche importante che le autorità di regolamentazione incoraggino l'arbitrato come via legale alternativa per la risoluzione delle controversie e emanino politiche e procedure che riconoscano chiaramente la legge islamica come la principale fonte di diritto come base per il processo decisionale.

4. Statuti e politiche interne ben concepiti

Statuti e politiche interne ben concepiti sono prerequisiti per un'efficace governance della Shari'ah . Rendendosi conto di ciò, le IFI dovrebbero disporre di statuti e politiche appropriati come linee guida per il loro uso interno in termini di procedure di riunione , processo decisionale, preparazione di rapporti e diffusione di informazioni, registrazioni e revisioni. A questo punto, gli standard di governance IFSB-10 e AAOIFI possono essere la base per tali statuti, con alcune modifiche che sarebbe opportuno implementare all'interno del mercato locale e del contesto normativo.

D. Attributi del Consiglio della Shari'ah sull'Indipendenza

Di seguito sono riportati gli attributi dell'indipendenza del consiglio di amministrazione della Shari'ah :

1. Modalità di Nomina

Ci sono differenze significative nel metodo di nomina del consiglio della Shari'ah tra le IFI. Si rileva inoltre che numerose IFI non hanno rispettato gli standard di governance di AAOIFI in quanto le loro nomine sono effettuate dal CdA e non dagli azionisti. Alla luce dell'attuale prassi di mercato e di strumenti più pratici per garantire l'indipendenza, esistono altri meccanismi che sarebbero idonei a raggiungere tale obiettivo. In primo luogo, la nomina deve essere effettuata dal CdA o dagli azionisti. In secondo luogo, la nomina deve essere subordinata all'approvazione delle autorità di regolamentazione. In terzo luogo, l'incarico non deve essere a tempo indeterminato ma contrattuale soggetto a rinnovo. In quarto luogo, anche la risoluzione e il licenziamento devono essere soggetti all'approvazione delle autorità di regolamentazione.

2. Codice di condotta

La maggior parte delle IFI non ha un codice etico per il consiglio della Shari'ah . Le pratiche esistenti sembrano presumere che i membri del consiglio della Shari'ah siano vincolati dai principi etici islamici. In considerazione della necessità di avere un certo e preciso codice etico specifico ed esclusivo del consiglio Shari'ah , le autorità di regolamentazione così come le IFI possono prescrivere determinati comportamenti accettabili per i membri del consiglio Shari'ah . Spetta alle IFI avviare e sviluppare un codice di condotta interno per il consiglio della Shari'ah . Questo codice etico dovrebbe essere applicabile e ci deve essere un meccanismo all'interno della struttura organizzativa per assicurarne la rigorosa attuazione. La violazione di questo codice etico può comportare azioni disciplinari come la sospensione, il licenziamento o altri tipi di sanzioni.

3. Organismo professionale

Non esiste un organismo professionale specificamente istituito per stabilire una pratica standard per il consiglio della Shari'ah come nel caso di altri professionisti come avvocati, contabili, medici e ingegneri. L'istituzione di un organismo professionale per stabilire le qualifiche del consiglio della Shari'ah , introdurre un codice di condotta standard, sviluppare un programma di formazione e migliorare la professionalità del consiglio della Shari'ah è considerata necessaria in questo momento. Al momento, diversi enti tentano di fornire programmi di qualificazione per i consigli di Shari'ah , come l'AAOIFI Certified Shari'ah Adviser and Auditor, lo Scholar Development Program avviato dal consiglio IFC Islamic Finance e il SII e l'IBFIM Shari'ah Scholars programma di introduzione, ma si è riscontrato che tali qualifiche non sono state accettate universalmente. Lo studio raccomanda vivamente l'istituzione dell'Associazione dei consulenti della Shari'ah a livello nazionale e internazionale.235 Con questa associazione, la qualità del consiglio della Shari'ah può essere valutata anche da un'agenzia indipendente simile a un'agenzia di rating del credito .

4. Politica di Remunerazione

Ci sono differenze significative nella remunerazione dei diversi consigli di Shari'ah . L'assenza di qualsiasi limitazione politica o linea guida sulla remunerazione del consiglio della Shari'ah può portare a pratiche malsane. I primi dieci studiosi della Shari'ah che hanno dominato le posizioni del consiglio nelle IFI di tutto il mondo guadagnano una remunerazione molto redditizia e significativa. Si è scoperto che un presidente di un consiglio di Shari'ah potrebbe guadagnare da 50.000 a 100.000 USD per consiglio e uno studioso di alto livello potrebbe persino guadagnare fino a 250.000 USD su un tipico affare sui mercati dei capitali. Questo studio stima inoltre che i primi cinque studiosi della Shari'ah possano guadagnare fino a un milione di dollari all'anno per servire più di cento posizioni di consiglio e presidente in tutto il mondo. Sebbene non esista un parametro di riferimento standard o una tariffa di scala per i consulenti della Shari'ah , le autorità di regolamentazione e le IFI dovrebbero stabilire una politica specifica per la remunerazione dei membri del consiglio di amministrazione della Shari'ah basata sulle tariffe di scala appropriate. Nel contesto della politica interna delle IFI, le quote del consiglio di amministrazione della Shari'ah dovrebbero essere approvate dagli azionisti e divulgate nella relazione annuale.

5. Attributi del Consiglio della Shari'ah sulla riservatezza

Ci sono stati studiosi della Shari'ah che hanno divulgato involontariamente o indirettamente alcune informazioni riservate, in particolare coloro che siedono nei consigli di amministrazione di numerose IFI. Inoltre, i risultati del sondaggio hanno indicato che il 29% delle IFI ritiene che il consiglio della Shari'ah non sia pienamente consapevole della questione della riservatezza. Consapevole di ciò, le IFI dovrebbero disporre di un meccanismo adeguato per risolvere questo problema e ciò include termini di riferimento nella lettera di nomina, applicazione del codice etico e procedimenti disciplinari per qualsiasi cattiva condotta da parte del consiglio della Shari'ah . Nel definire l'ambito della riservatezza, si può fare riferimento alla sezione 52 dell'IFSB-10. L'IFSB-10 tuttavia non fornisce linee guida per procedimenti disciplinari nel caso in cui i membri del consiglio della Shari'ah violino la riservatezza o divulghino informazioni sensibili o riservate. Pertanto, si raccomanda alle IFI di disporre di procedimenti disciplinari adeguati, come procedure di udienza e regole di prova con un'adeguata struttura organizzativa.

G. FinTech

Il termine tecnologie finanziarie o "Fintech" è utilizzato per descrivere una varietà di modelli di business innovativi e tecnologie emergenti che hanno il potenziale per trasformare il settore dei servizi finanziari:

- I modelli di business innovativi Fintech offrono in genere uno o più prodotti o servizi finanziari specifici in modo automatizzato attraverso l'uso di Internet. In tal modo, disaggregano i diversi servizi finanziari tradizionalmente offerti dai fornitori di servizi: banche storiche, broker o gestori di investimenti. Ad esempio, le piattaforme di equity crowdfunding collocano azioni intermedie; piattaforme di prestito peer-to-peer intermediano o vendono prestiti; i robo -advisor forniscono consulenza sugli investimenti automatizzata; e le piattaforme di social trading offrono servizi di intermediazione e investimento.

- Le tecnologie emergenti come il cognitive computing, l'apprendimento automatico, l'intelligenza artificiale e le tecnologie di contabilità distribuita (DLT) possono essere utilizzate per integrare sia i nuovi entranti Fintech che gli operatori storici tradizionali e hanno il potenziale per cambiare materialmente il settore dei servizi finanziari. Sebbene le attività Fintech nell'IFSI siano ancora di dimensioni relativamente ridotte, stanno crescendo e sviluppandosi rapidamente.

Insieme a nuovi rischi, ci sono anche nuove opportunità, ad esempio per l'inclusione finanziaria e per modelli di business più partecipativi che riflettano meglio i valori della finanza islamica. In particolare, l'IFSB sta attualmente sviluppando una nota tecnica sull'inclusione finanziaria e la finanza islamica, in cui le imprese Fintech sono presentate come strumenti per migliorare l'inclusione finanziaria. La nota tecnica affronta il Fintech sia dal punto di vista normativo che decisionale con l'obiettivo di migliorare l'inclusione finanziaria attraverso la finanza islamica.

Il FinTech nella finanza islamica è ancora nelle prime fasi di sviluppo, ma le prospettive future sono brillanti, guidate dalla rapida crescita del FinTech in generale, dalla crescente consapevolezza del FinTech islamico, dalla disponibilità di finanziamenti e dal supporto normativo. Le politiche a sostegno dello sviluppo del settore FinTech islamico includono quanto segue:

• A gennaio 2018 è stato lanciato un gruppo intersettoriale del Regno Unito sull'Islamic FinTech. L'obiettivo del gruppo, che include rappresentanti sia dell'industria che del governo, è quello di far avanzare ulteriormente la posizione del Regno Unito come centro globale leader per l'Islamic FinTech.

• Le linee guida per i regolamenti sul crowdfunding e sul finanziamento P2P sono state introdotte dalla Securities Commission in Malesia nella prima metà del 2017.

• FinTech Hive, un acceleratore FinTech, è stato creato dal Dubai International Financial Centre (DIFC) nel gennaio 2017. L'obiettivo dell'acceleratore è trasformare DIFC in un hub globale FinTech.

• I regolamenti sandbox FinTech e un'unità dedicata che mira a monitorare il settore FinTech sono stati creati dalla Banca centrale del Bahrain nel 2017.

Dal lato dell'offerta, gli sviluppi tecnologici stanno abbassando le barriere all'ingresso per gli imprenditori che operano nel settore FinTech islamico. Anche i player più grandi e affermati stanno aumentando le loro offerte in questo spazio. Ad esempio, nel novembre 2018, Refinitiv (ex attività finanziaria e di rischio di Thomson Reuters) e DDCAP Group (che fornisce servizi di facilitazione patrimoniale ed esecuzione commerciale per le istituzioni del settore finanziario islamico attraverso la sua piattaforma ETHOS AFP™) hanno firmato un accordo di partnership per fornire a banche e istituzioni finanziarie con una piattaforma integrata e completamente automatizzata per il trading di transazioni di tesoreria conformi alla Sharia. Questo è il primo per il settore bancario islamico ed è uno sviluppo notevole in termini di abilitazione FinTech per i requisiti interbancari islamici.

Dal lato della domanda, Islamic FinTech offre ai consumatori musulmani e non musulmani più opzioni per scegliere prodotti finanziari che si adattano alle loro esigenze personali a costi inferiori.

La crescita sia dell'offerta che della domanda di FinTech islamica sta aumentando la consapevolezza della crescente importanza del FinTech conforme alla Sharia. Ad esempio, negli ultimi anni il settore è stato citato e discusso in quasi tutte le conferenze e seminari di finanza islamica. Alcuni paesi, come il Bahrain, la Malesia e gli Emirati Arabi Uniti, hanno istituito quadri normativi per incoraggiare lo sviluppo del FinTech islamico. In termini di finanziamento, le società di capitale di rischio e di private equity stanno fornendo fondi alle startup islamiche FinTech che normalmente hanno difficoltà a reperire capitali da fornitori di finanziamenti convenzionali.

Dopo una serie di gruppi di lavoro e seminari, TheCityUK e Borsa Istanbul hanno prodotto un rapporto con raccomandazioni per la cooperazione normativa, mostrando anche come l'uso della tecnologia finanziaria può portare l'accesso ai finanziamenti in tutto il mondo islamico.

Alla fine del 2017 c'erano circa 120 aziende FinTech islamiche a livello globale. Sebbene lo sviluppo di FinTech islamico sia stato più importante nei paesi musulmani, anche il Regno Unito è ben posizionato sul mercato, grazie ai suoi vantaggi competitivi sia nei servizi finanziari che tecnologia. Ad esempio, Yielders, una piattaforma di crowdfunding incentrata sugli investimenti immobiliari residenziali, ha ricevuto un certificato di conformità alla Sharia nel 2017, rendendola la prima società FinTech regolamentata del Regno Unito ad operare secondo i principi islamici. Nell'agosto 2018, Wahed Invest, una società di investimento focalizzata sull'halal con sede negli Stati Uniti, ha lanciato una piattaforma di investimento halal digitale nel Regno Unito. Secondo i dati di IFN FinTech, una piattaforma islamica FinTech, il Regno Unito ha il secondo maggior numero di società islamiche FinTech (18), subito dopo la Malesia (21) e davanti a Indonesia ed Emirati Arabi Uniti (15 ciascuna) . .

Bibliografia

AAOIFI. (n.d.). Governance Standard for Islamic Financial Institutions No. 7 Corporate Social Responsibility Conduct and is closure for Islamic Financial Institutions: Accounting and Auditing Organization For Islamic Financial Institutions (AAOIFI).

Abdelhamid, D., & El Mahdi, A. (2003). The small business informality challenge: lessons learned from country experiences and the road ahead of Egypt. Paper presented at the Economic Research Forum Working Papers.

Abojeib, M., & Habib, F. (2019). Blockchain for Islamic Social Responsibility Institutions FinTech as a Disruptive Technology for Financial Institutions (pp. 221-240): IGI Global.

Abu-Tapanjeh, A. M. (2009). Corporate governance from the Islamic perspective: A comparative analysis with OECD principles. Critical Perspectives on Accounting, 20(5), 556-567. doi:10.1016/j.cpa.2007.12.004

Ager, S. N. S., et al. AN ANALYSIS OF THE DEFINITION OF HALAL:SHARI'AH VS STATUTES. World Academic and Research Congress 2015 (World-AR 2015) Ar-Rahim Hall, YARSI University, Jakarta, Indonesia, 9th – 10th December 2015.

Alasrag, H. (2010). Global Financial crisis and Islamic Finance.

Ali Aribi, Z., & Gopinath Arun, T. (2012). Corporate Social Responsibility in Islamic Financial Institutions (IFI): A Management Insight. Available at SSRN 2052635.

Allen&OveryLLP. (2009). Islamic microfinance report for institutions offering Islamic financial services.

Al-Rifaee, S. (2008). Islamic banking myths and facts.

Available from http://www.usitc.gov/publications/332/pub4455.pdf.

Awang, R., et al. (2014). "Halal epistemology from a global perspective." Social Sciences (Pakistan) 9(6).

Ayub, M. (2009). Understanding Islamic Finance: Wiley.

Berryhill, J., T. Bourgery and A. Hanson. (2018). Blockchains Unchained: Blockchain Technology and its Use in the Public Sector

Brown, D. (2013). Corporate social responsibility. (A Senior Thesis submitted in partial fulfillment of the requirements for graduation in the Honors Program), Liberty University.

Castiglione Maldonado, F. (2018). Introduction to Blockchain and Ethereum: Packt Publishing.

Cernat, L., López , A. N., & T-Figueras, A. D. (2014). SMEs are more important than you think! Challenges and opportunities for EU exporting SMEs. Chief Economist Note, vol 3. Brussels: European Commission. Available

Chapra, M. U. (2007). 21 Challenges facing the Islamic financial industry. Handbook of Islamic Banking, 325.

Chapra, M. U. (2011). The global financial crisis: Some suggestions for reform of the global financial architecture in the light of Islamic Finance. Thunderbird International Business Review, 53(5), 565-579.

Chapra, M. U., & Ahmed, H. (2002). Corporate governance in Islamic financial institutions. Occasional Paper No. 6, Jeddah, IRTI/IDB.

Dali, N., et al. (2007). HALAL PRODUCTS FROM THE CONSUMERS PERCEPTION. AN ONLINE SURVEY. Proceeding of the Islamic Entrepreneurship Conference, KolejUniversiti Islam Malaysia.

Dar, H., et al. (2013). Global Islamic Finance Report: GIFR 2013, Edbiz Consulting.

Dewar, J., & Hussain, M. M. (2011). ISLAMIC PROJECT FINANCE. In J. Dewar (Ed.), International Project Finance: Law and Practice: OUP Oxford.

Di Mauro, F., Caristi, P., Couderc, S., Di Maria, A., Ho, L., Grewal, B. K., . . . Zaher, S. (2013). Islamic Finance in Europe.

Drescher, D. (2017). Blockchain Basics: A Non-technical Introduction in 25 Steps, 1st edn. Apress, Frankfurt am Main (2017).

Elasrag, H. (2010). Enhancing the competitiveness of the Arab SMEs. Available at SSRN 1586454.

Elasrag, H. (9. April 2011). Principals of the Islamic Finance: A focus on project finance. MPRA Paper No. 30197.

Elasrag, Hussein. Principles of Islamic Finance. CreateSpace Independent Publishing Platform, 2018.

Elasrag H. Islamic Finance for SMES. CreateSpace Independent Publishing Platform; 2016 Sep 15.

Elasrag, H., 2018. Corporate governance in Islamic financial institutions, CreateSpace Independent Publishing Platform.

Elasrag, H., 2018. Economics of Halal Industry ,CreateSpace Independent Publishing Platform.

European commission. (2015). User guide to the SME Definition. doi:10.2873/782201

Faiz, W. (2011). Challenges and opportunities Islamic financial institutions are facing in the western countries. (Master Thesis), University of Aarhus.

Farook , S. (2007). On corporate social responsibility of Islamic financial institutions. Islamic Economic Studies, 15(1), 31-46.

Fleishman Hillard Majlis (2011). "The Market Opportunity of the Muslim World."

Friedman, M. (1962, 1982). Capitalism and freedom. United States of America: University of Chicago press.

Friedman, M. (September 13, 1970). The Social Responsibility of Business is to Increase its Profits. The New York Times Magazine.

Geneva: ILO, : International Labour Office, Enterprises Department.

Ghuddah, A. S. A. (1998). Ijarah (lease). Dallah Al-Baraka Group Al-Baraka Banking Group (ABG) Department of Research & Development.

Gupta , L., & Alam, N. (2019). Blockchain-Driven Remittance:Opportunities for Islamic Finance. I-FIKR DIGEST SPECIAL I(SSUE 1).

Haniffa, R., & Hudaib, M. (2007). Exploring the ethical identity of Islamic banks via communication in annual reports. Journal of Business Ethics, 76(1), 97-116.

Hasan, Z. (2009). Corporate Governance: Western and Islamic Perspectives. International Review of Business Research Papers, 5(1), 277-293.

Hasan, Z. (2010). Regulatory framework of Shari'ah governance system in Malaysia, GCC Countries and the UK. Kyoto Bulletin of Islamic Area Studies, 3(2), 82-115.

Hasan, Z. (2011). Sharīʿah Governance in Islamic Financial Institutions in Malaysia, GCC Countries, and the UK. (Doctoral thesis), Durham University. Retrieved from http://etheses.dur.ac.uk/810/

Hasni bin Wan Sulaiman, W. M. (2017). Islamic Finance and the Blockchain Revolution. Paper presented at the Cryptocurrency, Blockchain & Distributed Ledger Technology: Synergizing Technology & Shariah, Kulliyyah of ICT, IIUM.

Hassan, A., & Latiff, S. B. A. (2009). Corporate social responsibility of Islamic financial institutions and businesses: Optimizing charity value. Humanomics, 25(3), 177-188.

Hj Hassan, F. (2013). Halal food marketing: dare to win! Malaysia, UiTM Press.

IFC. (2014). Islamic Banking Opportunities Across Small and Medium Enterprises in MENA

Ilias, S. (2010). Islamic Finance: overview and policy concerns. Retrieved from http://www.fas.org/sgp/crs/misc/RS22931.pdf

International Finance Corporation. (2019). Blockchain : Opportunities for Private Enterprises in Emerging Markets, Second Edition. International Finance Corporation. Retrieved from Washington, DC.: https://openknowledge.worldbank.org/handle/10986/31251

International Labour Office. (2015). Small and medium-sized enterprises and decent and productive employment creation Retrieved from Geneva, Switzerland:

International Trade Centre (ITC). (2015). SME Competitiveness Outlook 2015: Connect, Compete and Change for Inclusive Growth. Geneva: ITC.

Iqbal, Z. (1997). Islamic financial systems. Finance and Development, 34, 42-45.

Iqbal, Z. (2007). Challenges facing Islamic financial industry. Journal of Islamic Economics, Banking and Finance (JIEBF), 3.

Islamic Financial Services Board. (May 2015). Islamic Financial Services Industry Stability Report 2015 Retrieved from Malaysia:

Jamali, D., & Mirshak, R. (2007). Corporate social responsibility (CSR): theory and practice in a developing country context. Journal of business ethics, 72(3), 243-262.

Kamali, M. H. (2010). "The halal industry from a shari'ah perspective." Islam and Civilisational Renewal 1(4.

Kamali, M. H. (2012). "Tourism and the Halal Industry: A Global Shariah Perspective." Islam and Civilizational Renewal (ICR) 3(3).

Léon, F., & Weill, L. (2016). Islamic Banking Development and Access to Credit. Université de Strasbourg: Laboratoire de Recherche en Gestion et Economie (LaRGE)

Maali, B., Casson, P., & Napier, C. (2006). Social reporting by Islamic banks. Abacus, 42(2), 266-289.

Malaysia International Islamic Financial Centre. (February 2016). Islamic Finance: Bridging the Funding Gaps of SMEs and MSMES. Retrieved from Malaysia:

Malboobi, M. T. and M. A. Malboobi (2012). Halal concept and products derived from modern biotechnology. International workshop for Islamic scholars on agribiotechnology: Shariah compliance.

Mohamed, H., & Ali, H. (2018). Blockchain, Fintech, and Islamic Finance: Building the Future in the New Islamic Digital Economy: Walter de Gruyter GmbH & Co KG.

Mohammed, J. A. (2007). Corporate social responsibility in Islam. Auckland University of Technology.

Moon, J. (2011). Corporate Social Responsibility. Manchester Business School.

Mougayar, W. (2016). The business blockchain: promise, practice, and application of the next Internet technology: John Wiley & Sons.

Muhammada, M. Z., & Chonga, R. (2007). The Contract of Bay'Al-Salam and Istisna' in Islamic Commercial Law: A comparative analysis. Labuan e-Journal of Muamalat and Society, 1, 21-28.

Muhammed , H. (KLCC 30 March – 4 April 2015). Halal: Defining Terms, Educating Communities. MIHAS: The Halal Global Market Place – World Halal Summit.

Mumani, H. F. (2014). Islamic Finance for SMEs in Jordan 1978-2014. (Master of Science in Banking and Finance), Eastern Mediterranean University (EMU)-Doğu Akdeniz Üniversitesi (DAÜ).

Navas-Alemán, L., & Guerrero, T. (2016). Procurement practices and SMEs in global supply chains: what do we know so far? : A literature review

OECD. (2004). OECD Principles of Corporate Governance 2004: OECD Publishing.

OECD. (2016). Financing SMEs and Entrepreneurs 2016: OECD Publishing.

Rana, O., & Akinlaso, M. I. (Q3 2018). How Blockchain can impact the Muslim world: Food S&P Shariah Indices Methodology, (March 2014).

Rasameel Structured Finance. (2014). 2013 Annual Global Sukuk Report. Retrieved from S&P Shariah Indices Methodology, (March 2014).

Sadouskaya, K. (2017). Adoption of Blockchain Technology in Supply Chain and Logistics.

Saidi, N. (2008). Corporate governance in Islamic Finance. Islamic Wealth Management: A Catalyst for Global Change and Innovation. London: Euromoney Institutional Investor.

Salaam Gateway (JANUARY 2016). "Muslim-Friendly Beach Resorts: Opportunities and Trends." Monthly Report Series Prepared.

Shaban, M., Duygun, M., & Fry, J. (2016). SME's lending and Islamic Finance. Is it a "win–win" situation? Economic Modelling, 55, 1-5. doi:http://dx.doi.org/10.1016/j.econmod.2016.01.029

Sultan, K., Ruhi, U., & Lakhani, R. (2018). Conceptualizing Blockchains: Characteristics & Applications. Paper presented at the 11th IADIS International Conference Information Systems

Sylvester, G. (2019). E-agriculture in action: Blockchain for agriculture Challenges and opportunities. Retrieved from Bangkok, Thailand:

Tan, B., Yan, J., Chen, S., & Liu, X. (2018). The Impact of Blockchain on Food Supply Chain: The Case of Walmart. Paper presented at the International Conference on Smart Blockchain.

Thomson Reuters and Dinar Standard (2016). "State of the Global Islamic Economy 2015/16 Report." Thomson Reuters and Dinar Standard, New York City.

Tieman, M., & Darun, M. R. (2017). Leveraging blockchain technology for halal supply chains. Islam and Civilizational Renewal (ICR), 8(4), 547-550.

UK Islamic Finance secretariat UKIFS. (2019). financial markets series UK.

United States International Trade Commission (USITC). (2014). Trade Barriers That U.S. Small and Medium-sized Enterprises perceive as affecting exports to the European Union, Investigation No. 332-541, Publication 4455. Washington, D.C.

Usmani, M. I. A., & Zubairi, Z. (2002). Meezan Bank's Guide to Islamic Banking: Karachi: Darul-Ishaat Urdu Bazar.

Uusmani, M. T. (2002). An introduction to Islamic Finance (Vol. 20): Brill.

Wajdi Dusuki, A. (2008). What does Islam say about corporate social responsibility? Review of Islamic Economics, 12(1), 5-28.

Wilson, Rodney (2009). 'Shariah Governance for Islamic Financial Institutions'. Journal of Islamic Finance 1(1): 59-75.

World Bank Group, & Islamic Development Bank. (2015). Leveraging Islamic Finance for Small and Medium Enterprises (SMEs). Retrieved from Washington DC:

Zakaria, Z. (2008). "Tapping into the world halal market: some discussions on Malaysian laws and standards." Shariah Journal 16(3.

Zyp, V. L. (2009). Islamic Finance in the United States: Product development and regulatory adoption. Georgetown University.

www.ingramcontent.com/pod-product-compliance
Lightning Source LLC
LaVergne TN
LVHW010829051026
849532LV00007B/2655